शेयर ट्रेडिंग में मनोविज्ञान और अनुशासन कैसे सीखें

प्रदीप कुमार रॉय

<u>समर्पण</u>

मेरे इकलौते पुत्र श्री प्रज्ञान रॉय और पत्नी सोनाली रॉय, मेरे और रिश्तेदारों की निकटवर्ती और भावी पीढ़ियाँ और निश्चित रूप से मेरी पुस्तक के पाठक।

प्रदीप कुमार रॉय, बर्दवान।

क्रम-सूची

प्रस्तावना

<u>प्रस्तावना</u>

मेरे शब्द

हम सभी जानते हैं कि जीवन में प्रेरणा का महत्व हर कोई चाहता है कि वे हमेशा प्रेरित रहें; वास्तविक जीवन में इन प्रेरक निर्णयों का पालन किसी भी मनुष्य के जीवन को बदल सकता है। मुझे उम्मीद है कि इस पुस्तक का उद्देश्य उदार पाठकों की मदद से सफल होना है। यदि कोई पुस्तक की सामग्री को पढ़ता और समझता है तो मानसिक शक्ति को बढ़ावा मिलेगा।

सफल व्यापारी घाटे को अपने व्यापार को सीखने और सुधारने के अवसर के रूप में देखते हैं। बड़े नुकसान से वापस आना चुनौतीपूर्ण है, लेकिन व्यापारिक नुकसान को नजरअंदाज करने से सफलता कभी हासिल नहीं होती है। नुकसान - विशेष रूप से पर्याप्त - अधिक कुशल व्यापारी बनने के अवसर हो सकते हैं । यहां जो सफल व्यापारी भावनात्मक रूप से मजबूत और अधिक अनुशासित बनने के लिए नुकसान के बाद लेते हैं।

बबली रॉय। (पांडुलिपि रीडर)

भूमिका

प्रस्तावना

व्यापार करना या निवेश करना और खुद को खोने की स्थिति में नहीं ढूंढना असंभव है। बस यही तरीका है। और एक बड़ा व्यापारिक नुकसान विनाशकारी हो सकता है - न केवल आर्थिक रूप से, बल्कि भावनात्मक रूप से। जैसा कि हार के रूप में महसूस होता है, आप एक बड़े नुकसान पर कैसे प्रतिक्रिया करते हैं, यह नुकसान से ज्यादा महत्वपूर्ण है। बड़े नुकसान झेल रहे अनुभवहीन व्यापारी अपनी भावनाओं से अपहृत हो सकते हैं। कुछ लोग दर्द के माध्यम से व्यापार करने की कोशिश कर सकते हैं, अक्सर अपने लिए और अधिक उथल-पुथल पैदा करते हैं। कुछ इसके बारे में सोचने से बचने के लिए बाजार से हट सकते हैं। अन्य लोग "बदला लेने के लिए व्यापार" करने की कोशिश कर सकते हैं, नुकसान की वसूली के लिए दृढ़ संकल्प।

इनमें से कोई भी प्रतिक्रिया रचनात्मक नहीं है। वास्तव में, वे विनाशकारी हो सकते हैं यदि आप नहीं सीखते कि ट्रेडों को खोने से कैसे निपटना है। चाहे वह आपकी रणनीति में एक स्पष्ट माइनस था, अनुशासन में कमी, या कोई अन्य कारण, लगभग हर व्यापारी को अपने करियर में एक बड़ा नुकसान (या कई) का सामना करना पड़ेगा। हारने की लकीर या बड़े नुकसान के बाद, आप खुद से सवाल करना शुरू कर सकते हैं, जो कई नए व्यापारियों की विशिष्ट समस्याओं की ओर ले जाता है, जैसे ट्रेडों से बहुत जल्दी बाहर निकलना, उन्हें बहुत लंबा पकड़ना, खोने के डर से ट्रेडों को छोड़ना, या कुछ जीतने वाले ट्रेडों को प्राप्त करने के प्रयास में आपको अधिक ट्रेडों में शामिल होना चाहिए। सफल व्यापारियों और असफल व्यापारियों के बीच एक बड़ा अंतर यह है कि वे व्यापारिक घाटे को कैसे संभालते हैं।

सफल व्यापारी घाटे को अपने व्यापार को सीखने और सुधारने के अवसर के रूप में देखते हैं। बड़े नुकसान से वापस आना चुनौतीपूर्ण है, लेकिन व्यापारिक नुकसान को नजरअंदाज करने से सफलता कभी हासिल नहीं होती है। नुकसान - विशेष रूप से पर्याप्त - अधिक कुशल व्यापारी बनने के अवसर हो सकते हैं। यहां जो सफल व्यापारी भावनात्मक रूप से मजबूत और अधिक अनुशासित बनने के लिए नुकसान के बाद लेते हैं।

छात्र हों या युवा, हर कोई कुछ बनना चाहता है। कोई डॉक्टर, इंजीनियर, बैरिस्टर, जज, कुशल प्रशासक और कुशल प्रकाशक बनना चाहता है या कोई क्रिकेटर, फुटबॉलर, अभिनेता, गायक, वैज्ञानिक या सफल व्यवसायी बनना चाहता है। हर कोई चाहता है कि वह बड़ा होकर जीवन में सफल हो। लेकिन ऐसा नहीं है, अगर आप सफल होना चाहते हैं; आप उन लक्ष्यों तक पहुंचने के लिए विशिष्ट लक्ष्य और दृढ़ता, समर्पण, ध्यान और मजबूत इच्छाशक्ति चाहते हैं। मांगने और प्राप्त करने के बीच एक व्यापक अंतर है। दूरी को कम करने के लिए वांछित आइटम प्राप्त करने के लिए, किसी को चर्चा किए गए मुद्दों को याद रखना चाहिए और उन्हें यथासंभव किसी के जीवन में लागू करने का प्रयास करना चाहिए।

प्रदीप कुमार रॉय, 223-ए, बी, मुखर्जी रोड, नूतनगंज, दिघिरपूल, बर्धमान-713102, पश्चिम बंगाल।

पावती (स्वीकृति)

<u>मेरा आभार और स्वीकारोक्ति</u>

इस पुस्तक को पूरा करने के लिए मैंने विभिन्न पुस्तकों, पत्रिकाओं, वेबसाइटों, सोशल मीडिया जैसे फेसबुक, Quora, विभिन्न विद्वानों के साथ विचार-विमर्श और उनकी विभिन्न राय, विकिपीडिया, विभिन्न पारंपरिक पुस्तकों, आदि के लिए मदद की। उन सभी और इस पुस्तक के प्रकाशक के प्रति मेरी ईमानदारी से आभार। ये पाठक की मानसिक शक्ति को बढ़ाने में मदद करेंगे।

प्रदीप कुमार रॉय।

आमुख

लेखक का परिचय

लेखक ने 31+ वर्षों की सेवा के बाद बैंकिंग सेवाओं से स्वेच्छा से सेवानिवृत्त होने का निर्णय लिया। उस समय, वह एसबीआई की पुरशुर शाखा में मुख्य प्रबंधक (ऑफिंग) के रूप में तैनात थे। एसबीआई में, उन्होंने शाखा प्रबंधक, मानव संसाधन प्रबंधक, सिस्टम मैनेजर आदि जैसी विभिन्न गतिविधियों में काम किया। उस समय, लेखक का शौक अलग-अलग जादू का आविष्कार करना और विभिन्न लेख लिखना था। उनकी पहली पुस्तक "प्रेराना" 2013 में प्रकाशित हुई थी। उनके विभिन्न लेख और निबंध पहले से ही व्यापक रूप से प्रसारित और कम प्रकाशित समाचार पत्रों और पत्रिकाओं में प्रकाशित हुए हैं। जादू के मामले में, लेखक की छवि के साथ बायोडाटा को विश्व निर्देशिका के जादूगरों में प्रकाशित किया गया था।

लेखक की शैक्षिक योग्यता B.Sc. (ऑनर्स। फिजिक्स), M.Sc. (कंप्यूटर साइंस), कंप्यूटर एप्लीकेशन पोस्ट ग्रेजुएट डिप्लोमा (PGDCA), सिस्को सर्टिफाइड नेटवर्क एसोसिएट्स-ग्लोबल (CCNA), इंडियन इंस्टीट्यूट ऑफ बैंकिंग (CAIIB) का प्रमाणित एसोसिएट। उन्होंने विभिन्न सर्टिफिकेट कोर्स जैसे फोटो, वीडियो और ऑडियो एडिटिंग, एनीमेशन, हार्डवेयर, कोबोल प्रोग्रामिंग, हिंदी प्राज़ कोर्स आदि भी किए हैं।

रिटायर होने के बाद, लेखक ने कई अकादमियों के साथ "बैंकिंग" में एक विशेषज्ञ प्रशिक्षक के रूप में भी काम किया और अब वह अपने YouTube चैनल, फेसबुक पेज, वेबसाइट, ब्लॉग, स्टॉक फोटोग्राफी, विभिन्न लेखों, स्व-प्रकाशित पुस्तकों आदि पर काम करता है और वह इंटरनेट आधारित काम में भी लगे है।

निम्नलिखित पुस्तकें जो लेखक द्वारा लिखी गई हैं, वे पहले से ही अमेज़ॅन, फ्लिप कार्ट, नोशन प्रेस, पोथी के ऑनलाइन आउटलेट पर प्रकाशित और उपलब्ध हैं।

बंगाली में - 1) प्रेरणा 2) अनुप्रेरणा 3) महाभारत में ऐसे कौन से तथ्य अंकित हैं जो आज भी प्रासंगिक हैं? 4) पौराणिक कथाओं का निहित अर्थ 5) रामायण की अज्ञात जानकारी 6) मानवता की पूजा करने वाले एक अल्पज्ञात भारतीय की कहानी 7) आसपास के पौधों के औषधीय और सौंदर्य गुण 8) ज्ञात लोगों की अज्ञात कहानी 9) इसे कल्पना, कल्पना में मत करो और बात 10) बाबा का अर्थ है--, माँ का अर्थ-- 11) स्वयं के भीतर आदि।

अंग्रेजी में::- 1) बैंकिंग पत्र कैसे लिखें (बैंकर और ग्राहक के लिए) 120 से अधिक प्रासंगिक नमूना पत्र। 2) ईमेल कैसे लिखें (नैतिकता, उदाहरण और ईमेल के नमूने)। 3) मानवता के एक अल्पज्ञात भारतीय उपासक की कहानी। 4) प्रेरणा और प्रेरणा के रहस्य। 5) बर्धमान में अलोकप्रिय लेकिन ऐतिहासिक रुचि के साथ आकर्षक पर्यटन स्थल। 6) ग्राहक के लिए डिजिटल बैंकिंग तैयार संदर्भ। 7) कल्पना, ट्रोल और मीम्स में 'कोरोना'। 8) बीसी

और बीएफ परीक्षा के उत्तर के साथ एमसीक्यू 9) अपनी मानसिक शक्ति में सुधार कैसे करें 10) सामान्य योग्यता (सीएसआईआर नेट-पिछला प्रश्नोत्तर स्पष्टीकरण और हल करने के संकेत के साथ) 11) लघु कथाएँ और किस्से 12) भारत में मुफ्त सर्वश्रेष्ठ निजी अस्पताल आदि।

हिंदी में:- 1) कैसे प्रेरक कौशल में सुधार कर सकते हैं 2) छात्र: ओ बैंकर के लिए बैंकिंग 3) "कोरोना" - कैथॉन ट्रोल्स या मीम्स 4) ऐतिहासिक आकर्षक पर्यटन स्थल, बर्दवान 5) आप मानक शक्ति का विकास कैसे का 6) संबंध बिपन का विकास करने के सबसे अखर तारिका 7) नकद आदि में लिखा हुआ बैंकिंग पत्र 8) बैंकिंग प्रश्नोत्तर प्रकाशित।

प्रकाशक।

<u>प्रस्ताव</u>

इस पुस्तक का निर्माण मेरी प्रकाशित पुस्तक के अनगिनत पाठकों और मेरे ब्लॉग, वेबसाइट, फेसबुक पेज, यूट्यूब आदि के अनुयायियों और दर्शकों की रुचि और प्रेरणा से प्रेरित था।

वेबसाइट-https: //pkrbur.com; www.rayfamily.itgo.com

ब्लॉग- बंगाली में प्रेरक- https://pkrnet.blogspot.com;

ब्लॉग- हिंदी में प्रेरक - https://pkrhindi.blogspot.com

ब्लॉग - अंग्रेजी में प्रेरक- https://pkrbur.com/blog-motivational/

ब्लॉग - यात्रा और यात्रा - https://pkrbur.com/blog-tour-travel/

ब्लॉग - छात्रों के लिए बैंकिंग - https://pkrbank.blogspot.com

ग्राहकों के लिए ब्लॉग-बैंकिंग तकनीक- https: //pkrbur.com/blog-banking-technology-for-customer/

PKR वीडियो और ऑडियो - https://pkrbur.com/p-k-r-video-audio-links/

Facebook पृष्ठ - https://www.facebook.com/pradip1/

PKRNET फेसबुक पेज - https://www.facebook.com/Pkrnet-Institute-192616401621756/

फेसबुक ग्रुप: -Motivational & Inspirational https://www.facebook.com/groups/Motivation62

FACEBOOK - https://www.facebook.com/profile.php?id=100009528403607

YouTube- SHANTANURUDRA- भेस प्रदीप क्र का नाम। रे -https://www.youtube.com/channel/UC9ZCD6070OMsP0pdwcgSBwwY

YouTube - PRADIP KUMAR RAY -PKRNET, BURDWAN https://www.youtube.com/channel/UC5wyD8s3usaRfMDduEjR1LQ?view_as=subscriber

ई-मेल: pradip.ray1911@gmail.com, Pkrnet.burdwan@gmail.com

लेखक की प्रकाशित पुस्तकें देखने के लिए, लिंक पर जाएँ: https://pkrbur.com/professional/

1

बड़े नुकसान पर कैसे प्रतिक्रिया करते हैं, यह नुकसान से ज्यादा महत्वपूर्ण है

व्यापार करना या निवेश करना और खुद को खोने की स्थिति में नहीं ढूंढना असंभव है। बस यही तरीका है। और एक बड़ा व्यापारिक नुकसान विनाशकारी हो सकता है - न केवल आर्थिक रूप से, बल्कि भावनात्मक रूप से। जैसा कि हार के रूप में महसूस होता है, आप एक बड़े नुकसान पर कैसे प्रतिक्रिया करते हैं, यह नुकसान से ज्यादा महत्वपूर्ण है। बड़े नुकसान झेल रहे अनुभवहीन व्यापारी अपनी भावनाओं से अपहृत हो सकते हैं। कुछ लोग दर्द के माध्यम से व्यापार करने की कोशिश कर सकते हैं, अक्सर अपने लिए और अधिक उथल-पुथल पैदा करते हैं। कुछ इसके बारे में सोचने से बचने के लिए बाजार से हट सकते हैं। अन्य लोग "बदला लेने के लिए व्यापार" करने की कोशिश कर सकते हैं, नुकसान की वसूली के लिए दृढ़ संकल्प।

इनमें से कोई भी प्रतिक्रिया रचनात्मक नहीं है। वास्तव में, वे विनाशकारी हो सकते हैं यदि आप नहीं सीखते कि ट्रेडों को खोने से कैसे निपटना है। चाहे वह आपकी रणनीति में एक स्पष्ट माइनस था, अनुशासन में कमी, या कोई अन्य कारण, लगभग हर व्यापारी को अपने करियर में एक बड़ा नुकसान (या कई) का सामना करना पड़ेगा। हारने की लकीर या बड़े नुकसान के बाद, आप खुद से सवाल करना शुरू कर सकते हैं, जो कई नए व्यापारियों की विशिष्ट समस्याओं की ओर ले जाता है, जैसे ट्रेडों से बहुत जल्दी बाहर निकलना, उन्हें बहुत लंबा पकड़ना, खोने के डर से ट्रेडों को छोड़ना, या कुछ जीतने वाले ट्रेडों को प्राप्त करने के प्रयास में आपको अधिक ट्रेडों में शामिल होना चाहिए। सफल व्यापारियों और असफल

व्यापारियों के बीच एक बड़ा अंतर यह है कि वे व्यापारिक घाटे को कैसे संभालते हैं।

सफल व्यापारी घाटे को अपने व्यापार को सीखने और सुधारने के अवसर के रूप में देखते हैं। बड़े नुकसान से वापस आना चुनौतीपूर्ण है, लेकिन व्यापारिक नुकसान को नजरअंदाज करने से सफलता कभी हासिल नहीं होती है। नुकसान - विशेष रूप से पर्याप्त - अधिक कुशल व्यापारी बनने के अवसर हो सकते हैं। यहां 7 नियम हैं जो सफल व्यापारी भावनात्मक रूप से मजबूत और अधिक अनुशासित बनने के लिए नुकसान के बाद लेते हैं:

1. कभी भी एक बुरे दिन की कीमत आपको औसत जीत के दिन से अधिक नहीं होने दें, यह जानना कि कैसे ठीक से हारना एक लंबे और समृद्ध व्यापार में जरूरी है करियर। यदि आपका औसत है, मान लीजिए, आपके जीतने के दिनों में Rs.2000, तो बुरे दिन में इससे अधिक न खोएं। नकारात्मक पक्ष को नियंत्रित करें। व्यापार में जोखिम को कम करने का तरीका जानना सबसे महत्वपूर्ण पहलू है।

एक व्यापार या निवेश के वास्तव में केवल 4 संभावित परिणाम हैं: एक बड़ी जीत, एक छोटी सी जीत, एक छोटी सी हानि, या एक बड़ी हानि। जब तक हम अपने व्यापारिक दिनों से बड़े नुकसान को खत्म करते हैं, हम अन्य तीन के साथ आराम से रह सकते हैं। जोखिम प्रबंधन एक सफल या असफल व्यापारिक अनुभव का प्राथमिक कारण है। एक अच्छा जोखिम प्रबंधन मुनाफे में लगातार वृद्धि कर सकता है, जबकि एक खराब जोखिम प्रबंधन बहुत ही कम अवधि में एक खाते को मिटा सकता है। यदि आप प्रति व्यापार नियम 1% जोखिम का पालन करते हैं, तो एक सटीक स्टॉप लॉस स्तर उस 1% मूल्य को पूर्व निर्धारित करता है और आपको पहले से ही पता चल जाएगा कि आपके द्वारा खोने का जोखिम कितना है, आपका व्यापार नकारात्मक हो जाना चाहिए। और यह दूसरे नियम के साथ हाथ से जाता है।

2. व्यापार में आने से पहले स्टॉप-लॉस स्तर को जानें स्टॉप- लॉस एक सरल उपकरण है, फिर भी इतने सारे व्यापारी और निवेशक इसका उपयोग करने में विफल रहते हैं। चाहे अत्यधिक नुकसान को रोकना हो या मुनाफे में बंद करना हो, लगभग सभी व्यापारिक शैलियों को इस व्यापार से लाभ हो सकता है। एक बीमा पॉलिसी के रूप में स्टॉप-लॉस के बारे में सोचें: आप आशा करते हैं कि आपको इसका उपयोग कभी नहीं करना पड़ेगा, लेकिन यह जानना अच्छा है कि आपको सुरक्षा की आवश्यकता होनी चाहिए। इसलिए, हमेशा स्टॉप लॉस का उपयोग करें और ट्रेड में आने से पहले इसकी लोकेशन जान लें। इसके अलावा, जब बाजार नकारात्मक क्षेत्र में चलता है तो अपने स्टॉप लॉस को कभी भी चौड़ा न करें। जान लें कि चाहे कुछ भी हो, कोने के आसपास एक और व्यापार है। यदि आपकी ट्रेडिंग रणनीति एक एकल व्यापार की सफलता पर निर्भर करती है, तो यह एक बहुत ही खराब व्यापारिक रणनीति है। याद रखें कि व्यापारिक सफलता कई सफलतापूर्वक, प्रबंधित, जीतने वाले ट्रेडों और ट्रेडों को खोने दोनों का संचय है।

3. बदला लेने के व्यापार में शामिल न हों एक बड़ा नुकसान सभी प्रकार के आंतरिक संघर्ष का कारण बनता है - बदला लेने की आवश्यकता, भय, क्रोध, निराशा, आत्म-घृणा, बाजार-घृणा, और सूची जारी है। एक बड़े नुकसान के बाद, स्पष्ट सिर के साथ व्यापार करने का कोई तरीका नहीं है। एक वर्ष में 250 से अधिक व्यापारिक दिन होते हैं, इसलिए वहां वापस आने की कोई जल्दी नहीं है। यदि आप ऐसा करते हैं, तो आप मूल रूप से व्यापार का बदला लेते हैं। अपनी रणनीति को देखने और घटना के आसपास समझदारी से निर्णय लेने के बजाय, आप सीधे वापस कूद जाते हैं। यह आपके खाते के लिए दो मुख्य कारणों से खतरनाक है।

सबसे पहले, यह आपको अपने व्यापारिक अनुशासन को खिड़की से बाहर फेंकने के लिए मजबूर करता है। यह आपका ध्यान आपकी ट्रेडिंग प्रक्रिया से हटाकर आपके घाटे को ठीक करने के लिए पर्याप्त पैसा बनाने की कोशिश में लगाता है। भावनाओं और भाग्य के आधार पर ट्रेडिंग करना ट्रेडिंग नहीं है। यह जुआ है। यह हार-हार की स्थिति भी है। यदि आप एक बदला लेने वाला व्यापार खो देते हैं, तो आप उस व्यापार के साथ अपने नुकसान को और भी बढ़ा देते हैं जिसकी आपने मुश्किल से योजना बनाई थी। यदि आप जीत जाते हैं, तो आप मानते हैं कि हिम्मत और भावनाओं पर व्यापार करना काम करता है और आप इसे फिर से करने जा रहे हैं। तो मत करो।

4. जिम्मेदारी स्वीकार करें यदि आपको कोई बड़ा नुकसान हुआ है; इसके मालिक होना सुनिश्चित करें। इसे एक तरफ न रखें, इससे छिपें नहीं, या अपने नुकसान के लिए "स्मार्ट मनी" को दोष न दें। व्यापार खोने का हमेशा एक बहाना होता है, लेकिन व्यापारियों और निवेशकों के रूप में, हमें जोखिमों को स्वीकार करना चाहिए। जब तक हम स्वीकार नहीं करते कि हमारे आदेशों के साथ जो कुछ भी होता है, उसके लिए हम जिम्मेदार हैं, वही बात फिर से होगी। जिम्मेदारी स्वीकार करें और समझें कि क्या अलग तरीके से किया जा सकता था। यह फिर से होने की संभावना को कम करने में मदद करेगा।

यह आपकी गलतियों के लिए अन्य कारकों को दोष देने से भी स्वस्थ है। दूसरों को दोष देना यह स्वीकार करना है कि आप अपने स्वयं के व्यापार को नियंत्रित नहीं करते हैं, और यदि ऐसा है, तो आपको बिल्कुल भी व्यापार नहीं करना चाहिए। अगर आप अपनी ट्रेडिंग और निवेश पर नियंत्रण रखते हैं तो आप इसे ठीक कर सकते हैं। और हमेशा कुछ ऐसा किया जा सकता है। इसमें बाजार बदलना, अपनी रणनीति या अपनी ट्रेडिंग शैली बदलना शामिल हो सकता है। यदि आप पाते हैं कि 1-मिनट के चार्ट को स्केल करने से आपको बहुत नुकसान होता है, तो स्विंग ट्रेडिंग का प्रयास करें। समाधान वहाँ है; आपको बस इसे खोजने की जरूरत है।

5. थोड़ी देर के लिए ट्रेडिंग बंद करें कभी-कभी , क्या गलत हुआ यह जानने के लिए ब्रेक लेना बेहतर होता है। उन चीजों को करें ताकि आप एक बेहतर मानसिकता में वापस आ सकें जिसमें आप फिर से ध्यान केंद्रित कर सकें। उसके बाद, घटनाओं की सावधानीपूर्वक

समीक्षा करके मूल्यांकन करें कि क्या हुआ। इस बारे में सोचें कि आप कहां कम हो गए। उदाहरण के लिए, क्या आपने बहुत अधिक जोखिम उठाया? क्या व्यापार सुनियोजित था? क्या आप मानसिक रूप से तेज थे, या क्या आपने नुकसान से बचने की उम्मीद में हारने वाला व्यापार किया था? ट्रेडिंग से ब्रेक लेना सबसे मुश्किल कामों में से एक है, लेकिन यह एक स्मार्ट कदम है। स्थितियों में सुधार होने का इंतजार करें। अपनी नकदी को सुरक्षित रखें, अपनी समझदारी को बचाएं और अन्य चीजों पर ध्यान दें। जब हालात में सुधार होगा, तो आपके परिणाम भी आएंगे। याद रखें: कल बाजार गायब नहीं होगा। कुछ भी भयानक नहीं होगा, इसके विपरीत - इस समय के दौरान चार्ट से दूर आप अपने व्यापार को बेहतर बनाने के बारे में नए, बेहतर विचारों के साथ आने की संभावना रखेंगे।

6. ट्रेड लोअर पोजीशन साइज एक बड़े नुकसान के बाद , आत्मविश्वास कम हो सकता है। स्पष्ट दिमाग नहीं होने से आप ट्रेडों को छोड़ सकते हैं, ट्रेडों से घबरा सकते हैं, या अत्यधिक आक्रामक हो सकते हैं। इनमें से कोई भी अच्छा नहीं है। एक कदम पीछे हटें और कुछ दिनों के लिए डेमो अकाउंट में ट्रेड करें। क्योंकि यह वास्तविक पैसा नहीं है, डेमो अकाउंट में भी कम दबाव होता है, इसलिए ट्रेडिंग पर ध्यान केंद्रित करना आसान होता है, और इसके वित्तीय पहलू के बारे में चिंता न करें। डेमो अकाउंट में कुछ जीत के दिन आपके आत्मविश्वास के स्तर को बढ़ाएंगे और आपको वास्तविक धन के साथ फिर से बाजारों में ले जाने के लिए एक बेहतर मानसिक स्थान पर रखेंगे।

इसलिए हारने की लय के बाद, छोटी शुरुआत करें; ठीक उसी स्थिति के आकार पर वापस न आएं जो आप पहले व्यापार कर रहे थे। पहले दिनों में, छोटे आकार के आकार का व्यापार करें। छोटे पोजीशन आकार के साथ जीतने वाला दिन आत्मविश्वास बढ़ाने में मदद करेगा, और खाते की शेष राशि बढ़ने पर आप अपनी स्थिति का आकार थोड़ा बढ़ा सकते हैं। यदि आपके पास एक हारने वाला दिन है, तो पूर्ण स्थिति आकारों पर एक और खोने वाले दिन की तुलना में छोटे आकार के आकार में हारना आसान होता है। यहां तक कि अगर आप लगातार कुछ दिन जीतते हैं, तो अपनी स्थिति का आकार धीरे-धीरे बढ़ाएं, इसलिए आपके पूर्ण आकार के आकार में वापस आने में लगभग कुछ समय लगता है।

मुझे पता है कि आपके द्वारा बड़े आकार के आकार का व्यापार करने के बाद, छोटे आकार के आकार के साथ वापस शुरू करना कष्टप्रद है, लेकिन यह सर्वोत्तम के लिए है। हारने की लकीर से वापस लौटने का मतलब है बुनियादी बातों पर वापस जाना और एक रणनीति को अच्छी तरह से लागू करना, वास्तव में पैसा बनाने के बारे में नहीं। पैसा एक रणनीति को अच्छी तरह से लागू करने से आता है। डेमो ट्रेडिंग और छोटे पोजीशन आकारों का व्यापार करने से आप महत्वपूर्ण बातों पर फिर से ध्यान केंद्रित करते हैं, ताकि आप अपना आत्मविश्वास फिर से बनाना शुरू कर सकें।

7. परिणाम को जाने दें और प्रक्रिया को अपनाएं यह महसूस करें कि ट्रेडिंग सीखने की एक सतत प्रक्रिया है। ज्यादातर बार, ट्रेडिंग में (वास्तविक जीवन की तरह!), आप अपनी

जीत से ज्यादा अपनी गलतियों से सीखते हैं। पैसे खोने से आपको अपने कार्यों को करीब से देखने, अधिक पढ़ने, खुद को बेहतर शिक्षित करने, अपने निष्पादन में अधिक अनुशासित बनने आदि के लिए प्रेरित करना चाहिए। अगली बार, आपको इस बात का बेहतर अंदाजा होगा कि क्या हुआ और आप कहां गलत हुए और सुधार के लिए जगह खोल सकते हैं और बाधाओं को अपने पक्ष में करना शुरू कर सकते हैं । जैसा कि क्लिच जैसा लगता है, अपना ध्यान पैसा बनाने और प्रक्रिया का आनंद लेने से लगाने से आप सही रास्ते पर रहेंगे और लाभ में समाप्त होने की अधिक संभावना होगी।

व्यापार में अनुशासन: भावनाओं को प्रवाहित न होने दें!

एक फलदायी डीलर बनने के लिए कई योग्यताओं की अपेक्षा की जाती है। पूंजी व्यापार क्षेत्रों और विनिमय में उपयोग किए जाने वाले विभिन्न विशिष्ट कोणों के बारे में प्रमुख क्षमता रखने के साथ-साथ अनुशासन को बनाए रखना एक महत्वपूर्ण गुण है जिसे प्रत्येक व्यापारी को सामने लाना चाहिए। हमने समग्र रूप से दलालों के अनुशासन का पालन न करने या सक्रिय होने के कारण लाखों का नुकसान करने का रिकॉर्ड पाया है। इस तरह के मामलों ने व्यापारी जगत में इस विशिष्ट विशेषज्ञता पर एक विस्तारित स्पॉटलाइट को प्रेरित किया है।

आदान-प्रदान में अनुशासन का महत्व

आदान-प्रदान के लिए अनुशासन का महत्व काफी सीधा है। एक डीलर को दिन के समय विभिन्न ट्रेड साइड पैसेज मिलते हैं। ब्रोकर के पास प्रत्येक एक्सचेंज को निष्पादित करने से पहले मुख्य प्राथमिकता के रूप में एक अच्छी व्यवस्था होनी चाहिए या होनी चाहिए। इस योजना में एक स्टॉप दुर्भाग्य के साथ अनुभाग और बाईं लागत का आकलन करना शामिल है। व्यावहारिक रूप से बिना किसी मजबूत स्पष्टीकरण के इन्हें देखने का तरीका देना लंबी अवधि में घातक हो सकता है।

हम मैथ्स के बारे में क्या सोचते हैं

उदाहरण के लिए, मान लें कि एक ब्रोकर 103 के उद्देश्य से 100 की कीमत पर स्टॉक खरीदना चाहता है और 98.5 की स्टॉप डेफिसिट है। यह मानते हुए कि वह 100 पर भर जाता है और बाजार कुछ समय में 98.5 तक उबल जाता है, उसे बिना किसी हिचकिचाहट के एक्सचेंज को छोड़ देना चाहिए, अगर उसकी मदद करने के लिए कोई महत्वपूर्ण आधार नहीं है। यह मानते हुए कि एक व्यापारी इसे कुछ समय के लिए रखता है और दृष्टिबाधित उम्मीद के साथ 100 या 103 पर लौटने की उम्मीद है, वह ट्रैक पर नहीं रह रहा है और स्टॉक की लागत 96 तक गिर सकती है, जिसके कारण ब्रोकर को पता नहीं है . नतीजतन, ऐसे मामले में, एक डीलर उस एक्सचेंज से जो कुछ भी निकालने का इरादा रखता है उससे अधिक खो रहा है, जो उसके शेष एक्सचेंज को प्रभावित करेगा। लागत 100 या 103 पर वापस आ सकती है लेकिन इस तरह का एक्सचेंज लंबी अवधि में उपयोगी नहीं होगा।

लालच और आशा के बीच संबंध

इसके अलावा, विश्वास से जुड़ा लोभ उसके रिकॉर्ड से भी गायब हो सकता है। पिछले मॉडल से, दलालों को यह मानते हुए कि अवधि सही हो जाती है और बाजार 103 पर चला जाता है, डीलर को अपना लाभ बुक करना चाहिए। लालची होना और 103.5 या 104 प्राप्त करने की अपेक्षा करना भी अनुशासन का एक विराम होगा क्योंकि बाजार 103 से बदल जाएगा और दिन के अंत में 100 पर वापस आ जाएगा। इस तरह आदर्श निर्णय लेने के बाद भी व्यापारी लालची होकर ठीक से पैसा नहीं कमा पाएगा।

डर: सबसे अभिव्यंजक भावना

उसी तरह, खोने की चिंता एक ऐसा क्षेत्र है जिस पर एक व्यापारी को काम करना चाहिए। एक व्यापारी केवल लापता होने की निराशा के लिए एक एक्सचेंज छोड़ सकता है। और बाद में, वह उद्देश्य लागत या स्टॉप-दुर्भाग्य लागत आने से पहले एक व्यवस्था छोड़ सकता है क्योंकि वह अपनी कला के बारे में अनिश्चित है। इस तरह की चिंता का पालन किया जाना चाहिए और एक व्यापारी को किसी भी एक्सचेंज को छोड़ देना चाहिए जो उसे यकीन नहीं है।

मेजर और माइनर के बीच संबंध

एक दलाल को अपनी क्षमता के घेरे में अपनी सबसे अधिक नकदी रखनी चाहिए और विभिन्न व्यावसायिक क्षेत्रों या प्रणालियों को सीखने के लिए लगातार मामूली कुल लगाना चाहिए। यह मानते हुए कि एक दलाल विकल्प बाजार के बारे में जानकार है और भाग्य बाजार से होने वाले मुनाफे से आकर्षित होता है, उसे पहले संभावित बाजार को उस राशि के साथ खोजना चाहिए जो उस वाणिज्यिक केंद्र पर ऑल-इन करने से पहले अपने आवश्यक आदान-प्रदान को स्थानांतरित नहीं करेगा । भी, दिन-प्रतिदिन के लाभ और दुर्भाग्य के लक्ष्यों पर ध्यान दिया जाना चाहिए और उनका बार-बार सर्वेक्षण किया जाना चाहिए। ये विशेषताएँ व्यापारी के बीच एकरूपता का निर्माण करेंगी।

ध्यान देने योग्य कदम

- अपने विनिमय दिशानिर्देशों का पालन करने के बारे में अनुमान लगाने योग्य बनें
- एक्सचेंजों की अग्रिम व्यवस्था करना
- कोई तामझाम और कोई गारंटी नहीं
- क्लब सट्टेबाजी के लिए बेहतर हैं, बाजार के लिए नहीं
- बाजार आम तौर पर सही होता है, याद रखें
- अनुसंधान - बुनियादी और विशिष्ट
- पारिश्रमिक अनुपात के लिए उपयुक्त जुआ
- अपनी संपत्ति का आदान-प्रदान करें
- नई तकनीकों को बार-बार खोजें, हालांकि कम राशि के साथ
- रुक-रुक कर अपनी प्रदर्शनी का ऑडिट करें

एक व्यापारी महान केंद्रीय और विशिष्ट जानकारी प्राप्त कर सकता है और पूंजी व्यापार क्षेत्रों के दायरे में जाने के लिए तैयार है। जैसा भी हो, अनुशासन और भावनाओं जैसी इन नाजुक क्षमताओं का डीलर की समृद्धि पर एक बुनियादी प्रभाव पड़ता है और इसे कभी भी नजरअंदाज नहीं किया जाना चाहिए। इन क्षमताओं को हासिल करने के लिए बहुत लंबे समय की आवश्यकता होगी। एक बार प्राप्त करने के बाद, यह आपके जीवन भर काम आएगा। प्रशिक्षित आदान-प्रदान आपके लाभकारी आदान-प्रदान के उद्देश्य को पूरी तरह से प्राप्त करेगा।

वित्तीय बाज़ारों में विश्वसनीय मुनाफा बुक करना पहली नज़र में देखने की तुलना में कठिन है। वास्तव में, अनौपचारिक अनुमान बताते हैं कि 80% से अधिक व्यापारी अंततः असफल हो जाते हैं, धोते हैं, और सुरक्षित शौक में बदल जाते हैं। [1] लेकिन ब्रोकरेज उद्योग शायद ही कभी ग्राहकों की विफलता दर प्रकाशित करता है क्योंकि वे शायद चिंतित हैं कि सच्चाई नए खातों को डरा देगी। वास्तव में, धोने की दर 80% से अधिक हो सकती है।

वास्तव में, व्यापार में सफलता कठिन है और लगातार लाभदायक व्यापारी विशिष्ट दुर्लभ विशेषताओं को साझा करते हैं। ये 20 नियम ऐसे टिप्स हैं जिनका उपयोग लंबे समय तक पेशेवर विजेता के घेरे में बने रहने के लिए करते हैं।

- लाभदायक व्यापार कठिन है और सफल व्यापारी विशिष्ट दुर्लभ विशेषताओं को साझा करते हैं।
- यह अनुमान है कि 80% से अधिक व्यापारी असफल हो जाते हैं और छोड़ देते हैं।
- सफलता की एक कुंजी उन रणनीतियों की पहचान करना है जो हारने से ज्यादा पैसा जीतती हैं।
- कई व्यापारी विफल हो जाते हैं क्योंकि रणनीतियाँ बाजार की बदलती परिस्थितियों के अनुकूल नहीं हो पाती हैं।
- प्रो ट्रेडर्स के क्लासिक नियम लाभप्रदता पर ध्यान केंद्रित रखने में मदद कर सकते हैं।

लंबी अवधि की लाभप्रदता का मार्ग

दीर्घकालिक लाभप्रदता के लिए दो संबंधित कौशल सेट की आवश्यकता होती है। सबसे पहले रणनीतियों के एक सेट की पहचान करना है जो उनके खोने से ज्यादा पैसा कमाते हैं और फिर एक व्यापार योजना के हिस्से के रूप में रणनीतियों का उपयोग करने के लिए। दूसरा, रणनीतियों को अच्छा प्रदर्शन करना चाहिए, जबकि बाजार बैल और भालू दोनों आवेगों का अनुभव करता है। दूसरे शब्दों में, जबकि कई व्यापारियों को पता है कि एक मजबूत अपट्रेंड की तरह विशिष्ट बाजारों में पैसा कैसे बनाया जाता है , वे लंबे समय में विफल हो जाते हैं क्योंकि उनकी रणनीति बाजार की स्थितियों में अपरिहार्य परिवर्तनों के

अनुकूल नहीं होती है।

नकारात्मक पक्ष को नियंत्रित करें। व्यापार में जोखिम को कम करने का तरीका जानना सबसे महत्वपूर्ण पहलू है। एक व्यापार या निवेश के वास्तव में केवल 4 संभावित परिणाम हैं:

1.एक बड़ी जीत, एक छोटी सी जीत, एक छोटी सी हानि, या एक बड़ी हानि। जब तक हम अपने व्यापारिक दिनों से बड़े नुकसान को खत्म करते हैं, हम अन्य तीन के साथ आराम से रह सकते हैं। जोखिम प्रबंधन एक सफल या असफल व्यापारिक अनुभव का प्राथमिक कारण है। एक अच्छा जोखिम प्रबंधन मुनाफे में लगातार वृद्धि कर सकता है, जबकि एक खराब जोखिम प्रबंधन बहुत ही कम अवधि में एक खाते को मिटा सकता है। यदि आप प्रति व्यापार नियम 1% जोखिम का पालन करते हैं, तो एक सटीक स्टॉप लॉस स्तर उस 1% मूल्य को पूर्व निर्धारित करता है और आपको पहले से ही पता चल जाएगा कि आपके द्वारा खोने का जोखिम कितना है, आपका व्यापार नकारात्मक हो जाना चाहिए। और यह दूसरे नियम के साथ हाथ से जाता है।

2. व्यापार में आने से पहले स्टॉप-लॉस स्तर को जानें स्टॉप- लॉस एक सरल उपकरण है, फिर भी इतने सारे व्यापारी और निवेशक इसका उपयोग करने में विफल रहते हैं। चाहे अत्यधिक नुकसान को रोकना हो या मुनाफे में बंद करना हो, लगभग सभी व्यापारिक शैलियों को इस व्यापार से लाभ हो सकता है। एक बीमा पॉलिसी के रूप में स्टॉप-लॉस के बारे में सोचें: आप आशा करते हैं कि आपको इसका उपयोग कभी नहीं करना पड़ेगा, लेकिन यह जानना अच्छा है कि आपको सुरक्षा की आवश्यकता होनी चाहिए। इसलिए, हमेशा स्टॉप लॉस का उपयोग करें और ट्रेड में आने से पहले इसकी लोकेशन जान लें। इसके अलावा, जब बाजार नकारात्मक क्षेत्र में चलता है तो अपने स्टॉप लॉस को कभी भी चौड़ा न करें। जान लें कि चाहे कुछ भी हो, कोने के आसपास एक और व्यापार है। यदि आपकी ट्रेडिंग रणनीति एक एकल व्यापार की सफलता पर निर्भर करती है, तो यह एक बहुत ही खराब व्यापारिक रणनीति है। याद रखें कि व्यापारिक सफलता कई सफलतापूर्वक, प्रबंधित, जीतने वाले ट्रेडों और ट्रेडों को खोने दोनों का संचय है।

3. बदला लेने के व्यापार में शामिल न हों एक बड़ा नुकसान सभी प्रकार के आंतरिक संघर्ष का कारण बनता है - बदला लेने की आवश्यकता, भय, क्रोध, निराशा, आत्म-घृणा, बाजार-घृणा, और सूची जारी है। एक बड़े नुकसान के बाद, स्पष्ट सिर के साथ व्यापार करने का कोई तरीका नहीं है। एक वर्ष में 250 से अधिक व्यापारिक दिन होते हैं, इसलिए वहां वापस आने की कोई जल्दी नहीं है। यदि आप ऐसा करते हैं, तो आप मूल रूप से व्यापार का बदला लेते हैं। अपनी रणनीति को देखने और घटना के आसपास समझदारी से निर्णय लेने के बजाय, आप सीधे वापस कूद जाते हैं। यह आपके खाते के लिए दो मुख्य कारणों से खतरनाक है। सबसे पहले, यह आपको अपने व्यापारिक अनुशासन को खिड़की से बाहर फेंकने के लिए मजबूर करता है। यह आपका ध्यान आपकी ट्रेडिंग प्रक्रिया से हटाकर आपके

घाटे को ठीक करने के लिए पर्याप्त पैसा बनाने की कोशिश में लगाता है। भावनाओं और भाग्य के आधार पर ट्रेडिंग करना ट्रेडिंग नहीं है। यह जुआ है। यह हार-हार की स्थिति भी है। यदि आप एक बदला लेने वाला व्यापार खो देते हैं, तो आप उस व्यापार के साथ अपने नुकसान को और भी बढ़ा देते हैं जिसकी आपने मुश्किल से योजना बनाई थी। यदि आप जीत जाते हैं, तो आप मानते हैं कि हिम्मत और भावनाओं पर व्यापार करना काम करता है और आप इसे फिर से करने जा रहे हैं। तो मत करो।

4. जिम्मेदारी स्वीकार करें यदि आपको कोई बड़ा नुकसान हुआ है; इसके मालिक होना सुनिश्चित करें। इसे एक तरफ न रखें, इससे छिपें नहीं, या अपने नुकसान के लिए "स्मार्ट मनी" को दोष न दें। व्यापार खोने का हमेशा एक बहाना होता है, लेकिन व्यापारियों और निवेशकों के रूप में, हमें जोखिमों को स्वीकार करना चाहिए। जब तक हम स्वीकार नहीं करते कि हमारे आदेशों के साथ जो कुछ भी होता है, उसके लिए हम जिम्मेदार हैं, वही बात फिर से होगी। जिम्मेदारी स्वीकार करें और समझें कि क्या अलग तरीके से किया जा सकता था। यह फिर से होने की संभावना को कम करने में मदद करेगा। यह आपकी गलतियों के लिए अन्य कारकों को दोष देने से भी स्वस्थ है। दूसरों को दोष देना यह स्वीकार करना है कि आप अपने स्वयं के व्यापार को नियंत्रित नहीं करते हैं, और यदि ऐसा है, तो आपको बिल्कुल भी व्यापार नहीं करना चाहिए। अगर आप अपनी ट्रेडिंग और निवेश पर नियंत्रण रखते हैं तो आप इसे ठीक कर सकते हैं। और हमेशा कुछ ऐसा किया जा सकता है। इसमें बाजार बदलना, अपनी रणनीति या अपनी ट्रेडिंग शैली बदलना शामिल हो सकता है। यदि आप पाते हैं कि 1-मिनट के चार्ट को स्केल करने से आपको बहुत नुकसान होता है, तो स्विंग ट्रेडिंग का प्रयास करें। समाधान वहाँ है; आपको बस इसे खोजने की जरूरत है।

5. थोड़ी देर के लिए ट्रेडिंग बंद करें कभी-कभी, क्या गलत हुआ यह जानने के लिए ब्रेक लेना बेहतर होता है। उन चीजों को करें ताकि आप एक बेहतर मानसिकता में वापस आ सकें जिसमें आप फिर से ध्यान केंद्रित कर सकें। उसके बाद, घटनाओं की सावधानीपूर्वक समीक्षा करके मूल्यांकन करें कि क्या हुआ। इस बारे में सोचें कि आप कहां कम हो गए। उदाहरण के लिए, क्या आपने बहुत अधिक जोखिम उठाया? क्या व्यापार सुनियोजित था? क्या आप मानसिक रूप से तेज थे, या क्या आपने नुकसान से बचने की उम्मीद में हारने वाला व्यापार किया था?

ट्रेडिंग से ब्रेक लेना सबसे मुश्किल कामों में से एक है, लेकिन यह एक स्मार्ट कदम है। स्थितियों में सुधार होने का इंतजार करें। अपनी नकदी को सुरक्षित रखें, अपनी समझदारी को बचाएं और अन्य चीजों पर ध्यान दें। जब हालात में सुधार होगा, तो आपके परिणाम भी आएंगे। याद रखें: कल बाजार गायब नहीं होगा। कुछ भी भयानक नहीं होगा, इसके विपरीत - इस समय के दौरान चार्ट से दूर आप अपने व्यापार को बेहतर बनाने के बारे में नए, बेहतर विचारों के साथ आने की संभावना रखेंगे। 6. ट्रेड लोअर पोजीशन साइज एक बड़े नुकसान के बाद , आत्मविश्वास कम हो सकता है। स्पष्ट दिमाग नहीं होने से आप ट्रेडों को छोड़ सकते

हैं, ट्रेडों से घबरा सकते हैं, या अत्यधिक आक्रामक हो सकते हैं।

इनमें से कोई भी अच्छा नहीं है। एक कदम पीछे हटें और कुछ दिनों के लिए डेमो अकाउंट में ट्रेड करें। क्योंकि यह वास्तविक पैसा नहीं है, डेमो अकाउंट में भी कम दबाव होता है, इसलिए ट्रेडिंग पर ध्यान केंद्रित करना आसान होता है, और इसके वित्तीय पहलू के बारे में चिंता न करें। डेमो अकाउंट में कुछ जीत के दिन आपके आत्मविश्वास के स्तर को बढ़ाएंगे और आपको वास्तविक धन के साथ फिर से बाजारों में ले जाने के लिए एक बेहतर मानसिक स्थान पर रखेंगे। इसलिए हारने की लय के बाद, छोटी शुरुआत करें; ठीक उसी स्थिति के आकार पर वापस न आएं जो आप पहले व्यापार कर रहे थे। पहले दिनों में, छोटे आकार के आकार का व्यापार करें।

छोटे पोजीशन आकार के साथ जीतने वाला दिन आत्मविश्वास बढ़ाने में मदद करेगा, और खाते की शेष राशि बढ़ने पर आप अपनी स्थिति का आकार थोड़ा बढ़ा सकते हैं। यदि आपके पास एक हारने वाला दिन है, तो पूर्ण स्थिति आकारों पर एक और खोने वाले दिन की तुलना में छोटे आकार के आकार में हारना आसान होता है। यहां तक कि अगर आप लगातार कुछ दिन जीतते हैं, तो अपनी स्थिति का आकार धीरे-धीरे बढ़ाएं, इसलिए आपके पूर्ण आकार के आकार में वापस आने में लगभग कुछ समय लगता है। मुझे पता है कि आपके द्वारा बड़े आकार के आकार का व्यापार करने के बाद, छोटे आकार के आकार के साथ वापस शुरू करना कष्टप्रद है, लेकिन यह सर्वोत्तम के लिए है।

हारने की लकीर से वापस लौटने का मतलब है बुनियादी बातों पर वापस जाना और एक रणनीति को अच्छी तरह से लागू करना, वास्तव में पैसा बनाने के बारे में नहीं। पैसा एक रणनीति को अच्छी तरह से लागू करने से आता है। डेमो ट्रेडिंग और छोटे पोजीशन आकारों का व्यापार करने से आप महत्वपूर्ण बातों पर फिर से ध्यान केंद्रित करते हैं, ताकि आप अपना आत्मविश्वास फिर से बनाना शुरू कर सकें।

7. परिणाम को जाने दें और प्रक्रिया को अपनाएं यह महसूस करें कि ट्रेडिंग सीखने की एक सतत प्रक्रिया है। ज्यादातर बार, ट्रेडिंग में (वास्तविक जीवन की तरह!), आप अपनी जीत से ज्यादा अपनी गलतियों से सीखते हैं। पैसे खोने से आपको अपने कार्यों को करीब से देखने, अधिक पढ़ने, खुद को बेहतर शिक्षित करने, अपने निष्पादन में अधिक अनुशासित बनने आदि के लिए प्रेरित करना चाहिए। अगली बार, आपको इस बात का बेहतर अंदाजा होगा कि क्या हुआ और आप कहां गलत हुए और सुधार के लिए जगह खोल सकते हैं और बाधाओं को अपने पक्ष में करना शुरू कर सकते हैं । जैसा कि क्लिच लगता है, अपना ध्यान पैसा बनाने और प्रक्रिया का आनंद लेने से लगाने से आप सही रास्ते पर रहेंगे और लाभ में समाप्त होने की अधिक संभावना होगी।

2

अनुशासन कैसे सीखें

क्या आप पैक से अलग हो सकते हैं और पेशेवर अल्पसंख्यक में एक ऐसे दृष्टिकोण के साथ शामिल हो सकते हैं जो दीर्घकालिक समृद्धि के लिए बाधाओं को बढ़ाता है? क्या आप सामान्य व्यापारियों के झुंड से अलग हो सकते हैं और व्यापारिक सफलता प्राप्त कर सकते हैं? सिद्ध रणनीतियों के साथ एक स्पष्ट और संक्षिप्त योजना के साथ शुरू करें और फिर 20 नियमों का पालन करें।

1. अपने अनुशासन पर टिके रहें

अनुशासन किसी सेमिनार में नहीं पढ़ाया जा सकता या महंगे ट्रेडिंग सॉफ्टवेयर में नहीं पाया जा सकता। व्यापारी अपने आत्म-नियंत्रण की कमी की भरपाई करने के लिए हजारों डॉलर खर्च करते हैं, लेकिन कम ही लोग जानते हैं कि आईने में एक लंबी नज़र एक ही कार्य को बहुत कम कीमत पर पूरा करती है। महत्वपूर्ण सबक यह है कि, एक बार जब एक व्यापारी को अपनी व्यापारिक योजना पर भरोसा हो जाता है, तो उसके पास पाठ्यक्रम में बने रहने के लिए अनुशासन होना चाहिए, भले ही अपरिहार्य हारने वाली लकीरें हों।

2. भीड़ खोना

लंबी अवधि की लाभप्रदता के लिए भीड़ के आगे या पीछे स्थिति की आवश्यकता होती है, लेकिन भीड़ में कभी नहीं क्योंकि यही वह जगह है जहां शिकारी रणनीतियां लक्षित होती हैं। स्टॉक बोर्ड और चैट रूम से दूर रहें, जहां लोग कम गंभीर होते हैं और उनमें से कई के पीछे के मकसद होते हैं।

3. अपनी ट्रेडिंग योजना संलग्न करें

नए विचारों को शामिल करने और बुरे विचारों को खत्म करने के लिए अपनी ट्रेडिंग योजना को साप्ताहिक या मासिक रूप से अपडेट करें। जब भी आप किसी छेद में गिरें और

बाहर निकलने का रास्ता तलाश रहे हों तो वापस जाएं और योजना पढ़ें।

4. कोनों को मत काटो

आपकी प्रतियोगिता रणनीतियों को पूरा करने में सैकड़ों घंटे खर्च करती है और यदि आप कुछ डार्ट्स फेंकने और लाभ के साथ चलने की उम्मीद करते हैं तो आप एक कठोर जागृति के लिए हैं। कड़ी मेहनत और अनुशासन के साथ ही दीर्घकालिक सफलता प्राप्त करने का एकमात्र तरीका है।

5. स्पष्ट से बचें

बहुमत या भीड़ का अनुसरण करने से लाभ शायद ही कभी आता है। जब आप एक संपूर्ण व्यापार सेटअप देखते हैं, तो संभावना है कि हर कोई इसे भी देखता है, आपको भीड़ में लगाता है, और आपको विफलता के लिए तैयार करता है।

6. अपने नियम मत तोड़ो

जब स्थिति खराब हो जाती है तो आपको परेशानी से बाहर निकालने के लिए आप व्यापारिक नियम बनाते हैं। यदि आप उन्हें अपना काम करने की अनुमति नहीं देते हैं, तो आपने अपना अनुशासन खो दिया है और इससे भी अधिक नुकसान के द्वार खोल दिए हैं।

7. बाजार गुरुओं से बचें

यह आपका पैसा दांव पर है, उनका नहीं। ध्यान रखें कि गुरु <u>अपने स्वयं के पदों के बारे में बात कर रहे होंगे</u>, उम्मीद है कि उत्साहित बकबक से उनका मुनाफा बढ़ेगा, आपका नहीं।

8. अपने अंतर्ज्ञान का प्रयोग करें

ट्रेडिंग आपके मस्तिष्क के गणितीय और कलात्मक पक्षों का उपयोग करती है, इसलिए आपको लंबे समय में सफल होने के लिए दोनों को विकसित करने की आवश्यकता है। एक बार जब आप गणित के साथ सहज हो जाते हैं, तो आप ध्यान, कुछ योग मुद्राओं या पार्क में एक शांत सैर के साथ परिणाम बढ़ाने की कोशिश कर सकते हैं।

9. प्यार में मत पड़ो

यदि आप भी अपने व्यापारिक <u>वाहन</u> या निवेश से प्यार करते हैं, तो आप त्रुटिपूर्ण निर्णय लेने का मार्ग प्रशस्त करते हैं। यह आपका काम है कि अक्षमता को <u>भुनाने के लिए</u>, पैसा कमाना जबकि बाकी सभी गलत तरीके से झुक रहे हैं।

10. अपने निजी जीवन को व्यवस्थित करें

आपके जीवन में जो कुछ भी गलत है, वह अंततः आपके ट्रेडिंग प्रदर्शन में शामिल हो जाएगा। यह विशेष रूप से खतरनाक है यदि आपने धन, धन और बहुतायत और <u>कमी की चुंबकीय ध्रुवता के साथ शांति नहीं बनाई है</u>। अपनी व्यापारिक जरूरतों को अपनी व्यक्तिगत जरूरतों से अलग रखें और दोनों का ध्यान रखें।

11. सम होने की कोशिश मत करो

<u>ड्राडाउन</u> व्यापारी के <u>जीवन चक्र का एक स्वाभाविक हिस्सा है</u>। उन्हें इनायत से स्वीकार करें और समय-परीक्षणित रणनीतियों से चिपके रहें जिन्हें आप जानते हैं कि अंततः आपका प्रदर्शन वापस पटरी पर आ जाएगा। अधिक व्यापार करके घाटे वाले व्यापार की भरपाई करने का प्रयास न करें। बदला व्यापार आपदा के लिए एक नुस्खा है।

12. चेतावनियों के लिए देखें

कई तकनीकी चेतावनियों के बिना बड़ा नुकसान शायद ही कभी होता है। व्यापारी नियमित रूप से उन <u>संकेतों को अनदेखा करते हैं</u> और आशा को विचारशील अनुशासन को बदलने की अनुमति देते हैं, दर्द के लिए खुद को स्थापित करते हैं। संक्षेप में, शुरुआती संकेतों पर नजर रखें कि बाजार की स्थितियां बदल रही हैं और आपकी स्थिति के लिए जोखिम पैदा कर रही हैं।

13. टूल्स नॉट थिंक

कुछ व्यापारी महंगे सॉफ़्टवेयर के साथ अपर्याप्त कौशल की भरपाई करने का प्रयास करते हैं, जो सभी प्रकार के मालिकाना खरीदने और <u>बेचने के संकेतों के साथ पहले से</u> पैक किए जाते हैं। जब आपको लगता है कि सॉफ़्टवेयर आपसे अधिक स्मार्ट है, तो ये उपकरण मूल्यवान अनुभव में हस्तक्षेप कर सकते हैं। उन टूल का उपयोग करें जो आपकी ट्रेडिंग योजना के साथ अच्छी तरह से फिट हों, लेकिन याद रखें कि, आखिरकार, आप ही हैं जो शॉट्स को कॉल कर रहे हैं।

<u>14. अपने सिर का प्रयोग करें</u>

व्यापारियों के लिए अपने वित्तीय नायकों का अनुकरण करना स्वाभाविक है, लेकिन यह पैसा खोने का एक सही तरीका भी है। जानें कि आप दूसरों से क्या कर सकते हैं, फिर पीछे हटें और अपने अद्वितीय कौशल और <u>जोखिम सहनशीलता के आधार पर अपनी खुद की बाजार पहचान स्थापित करें</u> ।

<u>15. पवित्र कंघी बनानेवाले की रेती भूल जाओ</u>

खोने वाले ट्रेडर उस गुप्त फॉर्मूले के बारे में कल्पना करते हैं जो जादुई रूप से उनके परिणामों में सुधार करेगा। वास्तव में, कोई रहस्य नहीं हैं क्योंकि सफलता का मार्ग हमेशा सावधानीपूर्वक चयन, प्रभावी <u>जोखिम प्रबंधन</u> और कुशल <u>लाभ लेने से होकर गुजरता है</u> ।

<u>16. तनख्वाह की मानसिकता को खत्म करें</u>

हमें तनख्वाह के लिए कार्य सप्ताह के दौरान पीसना सिखाया जाता है । प्रयास के बदले भुगतान की यह मानसिकता एक वर्ष के दौरान व्यापारिक जीत और हानियों के स्वाभाविक प्रवाह के विपरीत है। वास्तव में, आंकड़े बताते हैं कि अधिकांश वार्षिक लाभ केवल कुछ ही व्यापारिक दिनों में बुक किए जाते हैं।

<u>17. अपने मुर्गियों की गिनती न करें</u>

किसी ऐसे व्यापार के बारे में अच्छा महसूस करना ठीक है जो आपके रास्ते पर जा रहा है, लेकिन पैसा तब तक आपका नहीं है जब तक आप <u>स्थिति को बंद या कवर नहीं करते</u> । <u>पिछली स्टॉप या आंशिक मुनाफे</u> के साथ आप जितनी जल्दी हो सके लॉक करें, ताकि आखिरी मिनट में बाजार के छिपे हुए हाथ आपके लाभ को नहीं उठा सकें।

<u>18. सादगी को गले लगाओ</u>

<u>मूल्य कार्रवाई</u> पर ध्यान दें , यह समझते हुए कि बाकी सब कुछ गौण है। आगे बढ़ें और जटिल <u>तकनीकी संकेतकों का निर्माण करें</u> , यह ध्यान में रखते हुए कि उनका प्राथमिक कार्य आपकी आंख जो पहले से देख रहा है उसकी पुष्टि या खंडन करना है।

<u>19. नुकसान के साथ शांति बनाएं</u>

ट्रेडिंग उन कुछ व्यवसायों में से एक है जहां हर दिन पैसा खोना सफलता का एक स्वाभाविक मार्ग है। यदि आप संदेश के लिए खुले हैं तो प्रत्येक व्यापारिक हानि एक महत्वपूर्ण बाजार सबक के साथ आती है। साथ ही, जानें कि कब छोड़ना है और ट्रेडिंग से ब्रेक लेना है। घाटे को स्वीकार करें, फिर से संगठित होने के लिए समय निकालें और फिर एक नए दृष्टिकोण के साथ बाजार में वापस आएं।

20. सुदृढ़ीकरण से सावधान रहें

सक्रिय व्यापार एड्रेनालाईन और एंडोर्फिन जारी करता है। जब आप पैसे खो रहे हों तब भी ये रसायन उत्साह की भावना पैदा कर सकते हैं। बदले में, यह नशे की लत व्यक्तित्वों को खराब स्थिति लेने के लिए प्रोत्साहित करता है, बस भीड़ पाने के लिए। यदि आप तेजी और उत्साह प्राप्त करने के लिए व्यापार कर रहे हैं, तो आप शायद गलत कारणों से व्यापार कर रहे हैं।

क्या अधिकांश नौसिखिए व्यापारी विफल होते हैं?

हाँ। वास्तव में, दिन के अधिकांश व्यापारी और नौसिखिए अपेक्षाकृत कम समय के बाद विफल हो जाते हैं।

क्या निवेशक स्टॉक उठाकर बाजार को मात दे सकते हैं?

औसतन, उत्तर नहीं लगता है। लंबे समय में, सक्रिय निवेश रणनीतियां (अर्थात स्टॉक चुनना) व्यापक बाजार को कमजोर करती हैं, खासकर लेनदेन लागत और करों को ध्यान में रखते हुए। वास्तव में, अधिकांश लंबी अवधि के निवेशकों के लिए एक निष्क्रिय सूचकांक रणनीति सबसे अच्छी लगती है। [3]

व्यवहार संबंधी पूर्वाग्रह क्या हैं जो व्यापारियों की सफलता को नुकसान पहुंचाते हैं?

व्यवहारिक वित्त ने कई मनोवैज्ञानिक पूर्वाग्रहों और संज्ञानात्मक त्रुटियों को उजागर किया है जो एक व्यापारी के प्रदर्शन को नुकसान पहुंचा सकते हैं। ऐसा ही एक पूर्वाग्रह नुकसान से बचने का है, जहां नुकसान में बंद होने का डर वास्तव में व्यापारियों को लाल रंग में अधिक जोखिम लेने का कारण बनता है, जिससे वे बहुत लंबे समय तक हारे हुए लोगों को पकड़ते हैं और विजेताओं को बहुत जल्दी बेचते हैं। दूसरा है रीसेंसी पूर्वाग्रह, जिसके तहत अधिक हाल की जानकारी या समाचार को अधिक महत्व दिया जाता है, भले ही यह लंबी अवधि के

रुझानों की विशेषता न हो।

तल - रेखा

अधिकांश व्यापारी अपनी पूरी क्षमता का दोहन करने में विफल रहते हैं, अंततः अपने चिप्स को भुनाते हैं और पैसा बनाने के अधिक पारंपरिक तरीके खोजते हैं। लाभप्रदता पर एक रेज़र-शार्प फोकस रखने के लिए डिज़ाइन किए गए क्लासिक नियमों का पालन करके पेशेवर अल्पसंख्यक का गर्व सदस्य बनें।

ट्रेडिंग और निवेश की मूल बातें जानें

ट्रेडिंग और निवेश के बारे में अधिक जानना चाहते हैं? आपकी सीखने की शैली से कोई फर्क नहीं पड़ता, आपको आरंभ करने के लिए पर्याप्त से अधिक पाठ्यक्रम हैं । Udemy के साथ , आप वास्तविक दुनिया के विशेषज्ञों द्वारा सिखाए गए पाठ्यक्रमों को चुनने और मोबाइल और डेस्कटॉप पर आजीवन पहुंच के साथ अपनी गति से सीखने में सक्षम होंगे। आप दिन के कारोबार, विकल्प स्प्रेड, और बहुत कुछ की बुनियादी बातों में महारत हासिल करने में सक्षम होंगे। उदमी के बारे में और अधिक जानकारी प्राप्त करें और आज ही आरंभ करें।

यदि आप जीतते हैं, तो आप बहुत आश्चर्यचकित नहीं होते हैं, लेकिन यदि आप हार जाते हैं, तो आप बहुत निराश होते हैं, तो आप सोच सकते हैं, ठीक है, क्या यह गंभीर है, मैं इस नोट पर क्यों समाप्त कर रहा हूं? यह मज़ेदार लगता है, लेकिन यह हमें क्या सिखाता है कि शेयर बाजार क्या चलाता है? लेकिन मुझे लगता है कि यह गंभीर है, क्यों? क्योंकि हम जो देख रहे हैं वह यह नहीं है कि क्या फुटबॉल शेयर बाज़ार को चलाता है, बल्कि यह है कि क्या भावनाएँ और भावनाएँ शेयर बाज़ार को चलाती हैं। तो ऐसी कई अन्य चीजें हैं जिनका हम उपयोग कर सकते हैं, जो किसी देश की भावनाओं को प्रभावित करती हैं, जैसे विमान दुर्घटना, या चुनाव, या एक महामारी, जो आपकी भावनाओं को प्रभावित करती है, लेकिन वे शेयर बाजार को भी प्रभावित करती हैं। ठीक है, एक विमान दुर्घटना का आर्थिक प्रभाव होता है, जबकि कोई देश फुटबॉल खेल जीतता है या हारता है, इसका उतना बड़ा आर्थिक प्रभाव नहीं होता है, इसलिए यह आर्थिक बुनियादी बातों को चौंकाने के बिना भावनाओं और भावनाओं को चौंकाने का एक तरीका था।

और इसलिए यह दिखाकर कि भावना का एक शुद्ध उपाय भी शेयर बाजार को प्रभावित करता है, यह बताता है कि स्टॉक की कीमतों में जो चीज है वह विशुद्ध रूप से तर्कसंगत व्यवहार नहीं है , बल्कि यह भावनाएं और भावना है। ध्यान देने के लिए आपका बहुत-बहुत धन्यवाद, और अब मुझे प्रश्नों के उत्तर देने में प्रसन्नता हो रही है। - बहुत-बहुत धन्यवाद, एलेक्स, क्या शानदार व्याख्यान, आकर्षक, बहुत सारे प्रश्न आ रहे हैं, हम उनमें से कुछ को ही ले पाएंगे, मुझे डर है। तो चलिए इस के साथ शुरुआत करते हैं। क्या लोग बुरी खबरों के

प्रति अति प्रतिक्रिया करते हैं जिनका केवल अल्पकालिक प्रभाव होता है? - हाँ, इसलिए मुझे लगता है कि कई चीजों पर अति प्रतिक्रिया होती है और इसमें केवल अल्पकालिक प्रभाव वाली चीजें शामिल होंगी।

और इसलिए यह भविष्य में चीजों को प्रक्षेपित करने का विचार है, यह सोचकर कि किसी चीज का प्रभाव वास्तव में जितना है, उससे कहीं अधिक लंबा होगा, और इसलिए यह कुछ ऐसा है जिसे प्रलेखित किया गया है। - अच्छा, एक और सवाल, कुशल बाजारों की परिकल्पना को बदनाम करने के सभी प्रयासों के बावजूद, क्या यह अभी भी ऐसा नहीं है कि निष्क्रिय फंड ने पांच वर्षों में सबसे अधिक सक्रिय फंडों को हराया, खासकर जब फंड शुल्क को ध्यान में रखा गया हो? - हाँ, यह सच है। और इसलिए मुझे लगता है कि निष्क्रिय सूचकांक उद्योग ने काफी अच्छा प्रदर्शन किया है, यदि आप औसत इंडेक्स फंड को देखते हैं, तो जब आप शुल्क लेते हैं तो औसत सक्रिय रूप से प्रबंधित फंड को पीछे छोड़ देता है। लेकिन मैं यह नहीं कहूंगा कि कुशल शेयर बाजार की परिकल्पना के लिए यह आवश्यक रूप से मजबूत सबूत था, क्यों? क्योंकि यदि आप सक्रिय रूप से प्रबंधित फंड लेते हैं, तो आप बहुत सारे अच्छे फंडों को बहुत सारे खराब फंडों के साथ जोड़ रहे हैं, और इसलिए ऐसे लोग हो सकते हैं जो सूचनाओं पर व्यापार करने की कोशिश कर रहे हों, लेकिन गलतियाँ कर रहे हों, लेकिन अगर उस प्रक्रिया में जानकारी पर ट्रेडिंग के तरीके हैं। उस जानकारी को सही ढंग से, और यह सुनिश्चित करता है कि आप इन व्यवहारिक पूर्वाग्रहों से यथासंभव मुक्त हैं, तो आप बाजार को मात देने में सक्षम हो सकते हैं। और इसलिए यदि आप कुछ रणनीतियों के बारे में सोचते हैं, जैसे कि वॉरेन बफेट, जो कि अल्पावधि और भावनाओं से बहुत अधिक प्रेरित नहीं है, बल्कि कंपनी की दीर्घकालिक संभावनाओं को देखने के लिए, तथ्य यह है कि वह व्यवस्थित रूप से बेहतर प्रदर्शन कर सकता है, कि यह सुझाव देता है कि कुछ व्यवस्थित अक्षमताएं हो सकती हैं जो समझदार और तर्कसंगत निवेशक शोषण से लाभ प्राप्त करने में सक्षम हो सकते हैं। - बहुत अच्छा।

क्या आर्थिक वास्तविकता बनाम वित्तीय बाजारों के लचीलेपन में मौजूदा विचलन, क्या यह बाजार की अक्षमता का संकेत है? - तो, संभावित रूप से, इसलिए मैंने जिन लोगों की कोशिश की है, मैंने उस पर ध्यान केंद्रित किया है, यदि आप द इकोनॉमिस्ट और अन्य वित्तीय प्रेस, वास्तविक अर्थव्यवस्था और शेयर बाजार के बीच के अंतर को पढ़ते हैं। इसलिए महामारी से शुरुआती गिरावट के बाद से शेयर बाजार में काफी सुधार हुआ है, फिर भी आर्थिक बुनियादी सिद्धांत काफी कमजोर लग रहे हैं, और इसलिए कुछ लोग बहस कर रहे हैं। यह तर्कहीनता है क्योंकि लोग इन कंपनियों के लचीलेपन के बारे में अत्यधिक उत्साहित हो गए हैं जब वास्तव में COVID के कुछ स्थायी प्रभाव हो सकते हैं, और हम इसे अब दूसरी लहर की संभावना के साथ देख सकते हैं, ताकि हो सकता है कि लोग विश्वास न करना चाहें। COVID का प्रभाव लंबे समय तक रहने वाला है । - ठीक है, आपको मौके पर रखने के लिए दो अंतिम लघु प्रश्न।

आपके अनुसार सबसे प्रभावशाली मनोवैज्ञानिक कारक क्या है जो निवेशक के निर्णयों को बदलता है? - इसलिए मुझे गंभीरता से लगता है कि यह पुष्टिकरण पूर्वाग्रह है, क्योंकि यह कुछ ऐसा है जिसे मैंने इतना प्रचलित देखा है, और मैंने पिछले साल ग्रेशम व्याख्यान क्यों दिया था आलोचनात्मक सोच। मैं किसी भी पूर्वाग्रह के बारे में ऐसा कर सकता था, लेकिन मैंने इसे पुष्टिकरण पूर्वाग्रह में देखा क्या मुझे लगता है कि यह किसी भी निर्णय में विशेष रूप से प्रचलित है, यहां तक कि COVID में भी सही है? यदि आप किसी ऐसे व्यक्ति हैं जो चाहते हैं कि एक और लॉकडाउन हो, तो आप किसी भी खोज पर ध्यान देने वाले हैं, यह दिखाते हुए कि हमें लॉकडाउन की आवश्यकता है। यदि आप किसी ऐसे व्यक्ति हैं जो विरोध करता है, तो आप आसानी से एक अध्ययन ढूंढ सकते हैं, इसके विपरीत खोज सकते हैं।

और आज के बड़े डेटा की दुनिया में, आप जिस भी दृष्टिकोण का समर्थन करना चाहते हैं, उसका समर्थन करने के लिए आप हमेशा सबूत पा सकते हैं, और इसलिए मुझे लगता है कि पुष्टि पूर्वाग्रह एक विशेष समस्या है। - बढ़िया, घर पर बहुत सारे लोग लिख रहे हैं कि, यह बड़ा वाला है। यह बड़ा वाला है। शेयर बाजार में निवेश करने वाले छात्रों के लिए आपकी सबसे अच्छी सलाह क्या है? - मुझे लगता है , यह इस तथ्य को पहचानने के लिए है कि आप इन चीजों के विशेषज्ञ नहीं हैं, क्योंकि आप पेशेवर फंड मैनेजरों के खिलाफ व्यापार कर रहे हैं जो हर दिन इन कंपनियों को देख रहे हैं, और प्रबंधन से बात कर रहे हैं। और इसलिए यह मेरे लिए भी है, क्यों मैं, वित्त के प्रोफेसर के रूप में, आप उम्मीद कर सकते हैं कि मुझे वित्त के बारे में कुछ पता है, लेकिन मैं यह भी मानता हूं कि मेरे पास जानकारी तक समान पहुंच या प्रबंधन तक समान पहुंच नहीं है या वास्तव में निवेश करने का एक ही समय। इसलिए मैं बहुत कम ही एकल शेयरों में निवेश करूंगा, इसके बजाय मैं म्यूचुअल फंड में निवेश करूंगा, जो कई तरह के शेयरों में निवेश करेगा। और वे उन विषयों पर आधारित हो सकते हैं जो मुझे लगता है कि शेयर बाजार में गलत कीमतों पर आधारित हैं , और यह वास्तव में मेरे अगले व्याख्यान से जुड़ा होगा, जो कि छिपे हुए निवेश के अवसरों पर है। तो कुछ ऐसे कारक हैं जो शेयर बाजार से गलत हो सकते हैं क्योंकि वे कुछ ऐसी चीजें हैं जिन्हें मनोविज्ञान अनदेखा करता है।

और कारकों में से एक कर्मचारी संतुष्टि जैसे अमूर्त कारक हैं। इसलिए लगभग 13 वर्षों से, मैं पारनासस एंडेवर फंड नामक म्यूचुअल फंड में निवेश कर रहा हूं, जो उन कंपनियों में निवेश करता है जो अपने कर्मचारियों के साथ अच्छा व्यवहार करती हैं, लेकिन क्योंकि ऐसे कई निवेशक हैं जो सोचते हैं, ठीक है, एक कंपनी जो अपने कर्मचारियों के साथ अच्छा व्यवहार करती है, वह है शराबी कंपनी जो नीचे की रेखा से विचलित है। वे कर्मचारियों के नैतिक व्यवहार के महत्व को पूरी तरह से नहीं पहचानते हैं। और इसलिए वे कंपनियां बहुत सस्ती हैं, और उस फंड ने पिछले 13 वर्षों में बहुत अच्छा प्रदर्शन किया है। - ठीक है, यह आपके अगले व्याख्यान के लिए एक शानदार चाय थी, जिसका हम सभी को बेसब्री से इंतजार था।- ठीक है, इसलिए ट्यूनिंग के लिए सभी को बहुत-बहुत धन्यवाद, और मुझे

आशा है कि आप आगे देखेंगे क्योंकि मैं आपको देखने के लिए उत्सुक हूं, कुछ अगले एक पर छिपे हुए निवेश के अवसरों पर, धन्यवाद।

व्यापार करना या निवेश करना और खुद को खोने की स्थिति में नहीं ढूंढना असंभव है। बस यही तरीका है। और एक बड़ा व्यापारिक नुकसान विनाशकारी हो सकता है - न केवल आर्थिक रूप से, बल्कि भावनात्मक रूप से। जैसा कि हार के रूप में महसूस होता है, आप एक बड़े नुकसान पर कैसे प्रतिक्रिया करते हैं, यह नुकसान से ज्यादा महत्वपूर्ण है। बड़े नुकसान झेल रहे अनुभवहीन व्यापारी अपनी भावनाओं से अपहृत हो सकते हैं। कुछ लोग दर्द के माध्यम से व्यापार करने की कोशिश कर सकते हैं, अक्सर अपने लिए और अधिक उथल-पुथल पैदा करते हैं । कुछ इसके बारे में सोचने से बचने के लिए बाजार से हट सकते हैं।

अन्य लोग "बदला लेने के लिए व्यापार" करने की कोशिश कर सकते हैं, नुकसान की वसूली के लिए दृढ़ संकल्प। इनमें से कोई भी प्रतिक्रिया रचनात्मक नहीं है। वास्तव में, वे विनाशकारी हो सकते हैं यदि आप नहीं सीखते कि ट्रेडों को खोने से कैसे निपटना है। चाहे वह आपकी रणनीति में एक स्पष्ट माइनस था, अनुशासन में कमी, या कोई अन्य कारण, लगभग हर व्यापारी को अपने करियर में एक बड़ा नुकसान (या कई) का सामना करना पड़ेगा। हारने की लकीर या बड़े नुकसान के बाद, आप खुद से सवाल करना शुरू कर सकते हैं, जो कई नए व्यापारियों की विशिष्ट समस्याओं की ओर ले जाता है, जैसे ट्रेडों से बहुत जल्दी बाहर निकलना, उन्हें बहुत लंबा पकड़ना, खोने के डर से ट्रेडों को छोड़ना, या कुछ जीतने वाले ट्रेडों को प्राप्त करने के प्रयास में आपको अधिक ट्रेडों में शामिल होना चाहिए। सफल व्यापारियों और असफल व्यापारियों के बीच एक बड़ा अंतर यह है कि वे व्यापारिक घाटे को कैसे संभालते हैं।

सफल व्यापारी घाटे को अपने व्यापार को सीखने और सुधारने के अवसर के रूप में देखते हैं। बड़े नुकसान से वापस आना चुनौतीपूर्ण है, लेकिन व्यापारिक नुकसान को नजरअंदाज करने से सफलता कभी हासिल नहीं होती है। नुकसान - विशेष रूप से पर्याप्त - अधिक कुशल व्यापारी बनने के अवसर हो सकते हैं । यहां 7 नियम हैं जो सफल व्यापारी भावनात्मक रूप से मजबूत और अधिक अनुशासित बनने के लिए नुकसान के बाद लेते हैं: 1. कभी भी एक बुरे दिन की कीमत आपको औसत जीत के दिन से अधिक नहीं होने दें, यह जानना कि कैसे ठीक से हारना एक लंबे और समृद्ध व्यापार में जरूरी है करियर। यदि आपका औसत है, मान लीजिए, आपके जीतने के दिनों में $200, तो बुरे दिन में इससे अधिक न खोएं।

व्यापार में बहुत बड़ा फर्क पड़ता है इसलिए पहली बात पहले उह यदि आप चाहते हैं एक अच्छा मनोविज्ञान रखने के लिए पहला नियम है अनुसरण जोखिम प्रबंधन और स्थिति के आकार में मुझे पता है कि यह एक उबाऊ विषय है, लेकिन यदि आप पांच प्रतिशत नियम का पालन करते हैं तो पांच प्रतिशत या तीन प्रतिशत जोखिम जो आप पर निर्भर करता है यदि आप उसका पालन करते हैं तो जाहिर है कि आपका मनोविज्ञान बेहतर होगा लेकिन उह आपका रिटर्न न्यूनतम होगा हाँ तीन प्रतिशत पांच प्रतिशत नियम यदि आप इसका पालन

करते हैं तो आप यहां बारह प्रतिशत मोड़ का लक्ष्य रख सकते हैं या 15 प्रतिशत यह निर्भर करता है लेकिन आप रिटर्न चुनने की उम्मीद नहीं कर सकते हैं, लेकिन मैं शुरुआती लोगों को इसका पालन करने का अत्यधिक सुझाव देता हूं क्योंकि कम से कम एक या दो साल के लिए क्योंकि उह आप एक व्यापार में दस प्रतिशत या बीस प्रतिशत और एक व्यापार में पूंजी की तैनाती नहीं जान सकते क्योंकि उह आपके पास अनुभव नहीं है, आप निश्चित रूप से नहीं जानते कि स्टॉक बढ़ेगा क्योंकि कृति पोषक तत्व उह मेरे लिए मुझे पता था कि यह जा रहा है ऊपर जाने के लिए क्योंकि मैं छह या सात महीने से अनुसरण कर रहा हूं और मैं जल्द से जल्द बाहर निकलना नहीं चाहता था क्योंकि मुझे पता है कि मेरे पास वर्तमान की तुलना में क्षमता बहुत अधिक है और यह पहला नियम है ठीक है तो दूसरा जिस चीज का आप अनुसरण कर सकते हैं, वह है आपके लाभ और हानि विवरण पर एक ब्लैक एंड व्हाइट स्क्रीन, हरा रंग और काला खेद है, लाल रंग आपके मनोविज्ञान को प्रभावित करता है, यह साबित हो चुका है और एक अध्ययन में यह साबित हो चुका है कि एक ब्लैक एंड व्हाइट स्क्रीन होने से आपको मदद मिलती है व्यापार में थोड़ा सा क्योंकि यह हरी चीज और लाल चीज आपके दिमाग में कुछ करती है, यह आपकी मदद नहीं करती है और इसलिए आप ऐसा कर सकते हैं और सबसे सरल एक जिसका मैं सामान्य रूप से पालन करता हूं, मैं अपने लाभ और हानि विवरण को नहीं देखता हूं ।

बस मेरे चार्ट को देखें और इससे मदद मिलती है और मुझे पता है कि जब भी यह ऊपर जाता है तो आप लाभ और हानि को देखना चाहते हैं हम देखना चाहते हैं कि आपने कितना पैसा कमाया लेकिन मुझ पर विश्वास करें यदि आप नियंत्रण नहीं जानते हैं या लाभ और हानि की स्थिति यदि आप सिर्फ चार्ट को देखते हैं तो इस बात की बहुत अधिक संभावना है कि आप व्यापार करने जा रहे हैं क्योंकि कई बार ऐसा होता है जब आप मुनाफे को देखते हैं तो आप इसे जल्द ही बंद करना चाहते हैं या यदि आप इसे देखते हैं नुकसान आप बस अपना स्टॉप लॉस सही नहीं रखते हैं तो यह है कुछ ऐसा है जो मैं सुझाव दूंगा कि ये तीन मुख्य चीजें हैं तीसरी बात वह है जिसका मैं पालन करता हूं मैं लाभ और हानि के बयान को नहीं देखता हूं जो अक्सर मैं इसे देखता हूं लेकिन यह बहुत ही रेड है मेरा मतलब केवल तभी है जब मैं यूट्यूब बनाना चाहता हूं वीडियो या ऐसा कुछ मैं उन्हें देखता हूं और हां दूसरा हां आप इसका अनुसरण कर सकते हैं, हालांकि मैंने इसे आजमाया नहीं है ।

व्यापार बहुत रोमांचक और फायदेमंद हो सकता है, बशर्ते आप बाजार की नींव को समझते हैं और जानते हैं कि आप क्या कर रहे हैं। विश्लेषण के बिना, व्यापार काफी हद तक जुए जैसा होगा। आप एक अच्छा ट्रेडिंग निर्णय तभी ले सकते हैं जब आपने पहले बाजार का विश्लेषण किया हो। यदि आप वास्तव में व्यापार में सफल होना चाहते हैं, तो आपको व्यापार को पूर्णकालिक व्यवसाय के रूप में लेना चाहिए, न कि अंशकालिक शौक के रूप में। सफलतापूर्वक व्यापार करना सीखना एक कठिन प्रयास हो सकता है। अपने उद्धरण में, बफे भीड़ से एक कदम आगे रहने की सलाह देते हैं। जब हर कोई खरीद रहा है, संभावना है

कि कीमत जल्द ही उलट सकती है। इसी तरह, जब हर कोई बेच रहा होता है, तो बाजार की कम कीमतें खरीदारी का एक अच्छा अवसर पैदा करती हैं। ट्रेडों के लिए बाजार का पीछा न करें। यदि आपके पास हारने की लकीर है, तो ब्रेक लें और अपनी भावनाओं को ठंडा होने दें।

अपनी भावनाओं को नियंत्रण में रखने का अनुशासन ही एक व्यापारी को बनाता या बिगाड़ता है। यदि कोई व्यापार विपरीत हो जाता है, तो अनुभवहीन व्यापारी व्यापार के उलट होने की प्रतीक्षा करते हैं – वे इसे नुकसान के साथ बंद नहीं करना चाहते हैं। हालांकि, सफल व्यापारी ठीक यही करते हैं। बाजार खरीदारों और विक्रेताओं की भीड़ से ज्यादा कुछ नहीं है। लालच और भय के कारण ऊंची कीमतें और भी ऊंची हो जाती हैं और कम कीमतें और भी कम हो जाती हैं - जब तक कि बुलबुला फूट न जाए। जैसा कि एक अन्य उद्धरण में कहा गया है, व्यापार बुद्धि के बारे में नहीं बल्कि भावनात्मक अनुशासन के बारे में है। जो व्यक्ति धैर्यवान, अनुशासित और सख्त धन प्रबंधन नियम रखता है, वह उच्च IQ वाले व्यक्ति से बेहतर प्रदर्शन करेगा। यह जेसी लिवरमोर द्वारा एक शक्तिशाली है। एक व्यापार करना सीधा और सरल है, लेकिन आपको यह सुनिश्चित करने के लिए अपना विश्लेषण करना होगा कि व्यापार की उच्च सफलता दर है। विश्लेषण और धैर्य 99% काम करते हैं, शेष 1% व्यापार करते हैं।

यदि आपको रात में सोने में कठिनाई होती है, तो संभावना है कि आप अपने ट्रेडों पर बहुत अधिक जोखिम उठा रहे हैं। कभी भी एक ट्रेड पर जितना जोखिम उठा सकते हैं, उससे अधिक जोखिम न लें। हमारे समुदाय में जोखिम से निपटने का तरीका जानें। यहां एक और उद्धरण है जो जोखिम प्रबंधन के महत्व पर जोर देता है। अपने घाटे को कम करें और अपने मुनाफे को चलने दें, और आप सफल हो सकते हैं । कई व्यापारी संभावित इनाम के कारण व्यापार करना शुरू कर देते हैं। हालांकि, अन्य गतिविधियों की तरह, आपको अपने काम में अच्छा होने के लिए उससे प्यार करना होगा। पैसे पर ज्यादा ध्यान न दें, बल्कि अपनी ट्रेडिंग यात्रा का आनंद लें। यदि आपको ऐसा करने में समस्या हो रही है, तो अपने आप से पूछें कि क्या ट्रेडिंग आपके लिए सही करियर पथ है। ट्रेडिंग आपकी भावनाओं और जोखिम प्रबंधन को नियंत्रित करने के बारे में है। हर एक व्यापार पर सही होने की उम्मीद न करें - यहां तक कि पेशेवर व्यापारी भी नहीं हैं।

ओवरट्रेडिंग एक बड़ी गलती है जो बाजार में शुरुआती लोग करते हैं। आप प्रति दिन, सप्ताह या महीने में एक या दो ट्रेडों के साथ भी अच्छे होंगे। मुद्दा उन ट्रेडों को चुनना है जिनमें सफलता की उच्चतम संभावना है। इससे ट्रेडिंग लागत भी कम रहती है। स्वघोषित बाजार गुरुओं का अनुसरण करने से बचें। बाजार के बारे में अपना दृष्टिकोण बनाने का प्रयास करें। यदि आप एक तकनीकी व्यापारी हैं, तो ध्यान रखें कि मूल्य पहले से ही मूलभूत जानकारी और बाज़ार समाचारों पर छूट दे रहा है। यह डेविड का एक शक्तिशाली उद्धरण है। हम नुकसान से बच नहीं सकते हैं, लेकिन हम एक सख्त और मजबूत व्यापार योजना का पालन कर सकते हैं और प्रत्येक व्यापार को खोने के बाद इसे ठीक कर सकते हैं। क्या आपका

प्रवेश बिंदु समस्या था, या आपका स्टॉप-लॉस? आपका प्रवेश ट्रिगर क्या था? व्यापार खोने के कारण की पहचान करें। जोखिम प्रबंधन पर एक और बढ़िया उद्धरण (जैसा कि हमने कहा, उनमें से बहुत सारे होंगे।)

सफल व्यापारियों के पास खराब व्यापार से भी लाभ कमाने का एक बड़ा मौका होता है। क्यों? क्योंकि वे जानते हैं कि किसी ट्रेड से बाहर निकलने का सही समय क्या है। ठीक है, मैं मानता हूँ, कन्फ्यूशियस एक विदेशी मुद्रा व्यापारी नहीं था, लेकिन उसके कई उद्धरण व्यापार से संबंधित हो सकते हैं। यह निरंतरता है जो एक महान व्यापारी बनाती है। पैसे के बारे में भूल जाओ। ट्रेडिंग एक ऐसा व्यवसाय है जिसमें आपको अच्छा करने के लिए प्यार करना चाहिए। जीविकोपार्जन के लिए व्यापार पर भरोसा करना कठिन है, हालांकि ऐसे कई व्यापारी हैं जो इसे हासिल करते हैं। आपको हर एक दिन व्यापार करने की ज़रूरत नहीं है। इसके अलावा, यदि आप एक नियमित (और स्थिर) आय के बाद हैं, तो व्यापार आपके लिए सही करियर पथ नहीं हो सकता है। यहां तक कि पेशेवर व्यापारियों की जीतने की दर आपके विचार से 50-60% के करीब है।

यह जीतने की दर नहीं है जो एक व्यापारी की लाभप्रदता निर्धारित करती है - यह उस मुनाफे की राशि है जो व्यापारी अपने नुकसान के सापेक्ष बनाता है। जीतने वाले ट्रेडों की एक लकीर आपके अहंकार और आत्मविश्वास को इस हद तक बढ़ा सकती है कि आप यह मानने लगते हैं कि आप अजेय हैं। अगर ऐसा है, तो अपनी भावनाओं को शांत करने के लिए ट्रेडिंग से ब्रेक लेने की कोशिश करें। नुकसान किसी भी व्यापारी के जीवन का एक अभिन्न अंग है। नुकसान समस्या नहीं है, यह जोखिम और धन प्रबंधन की अज्ञानता है और अपने नुकसान को नियंत्रण से बाहर होने देना है। महान व्यापारी न तो रातों-रात पैदा होते हैं और न ही बनते हैं। व्यापार की कला में महारत हासिल करने के लिए धैर्य, अनुशासन और निरंतरता की आवश्यकता होती है।

3

ट्रेडिंग मनोविज्ञान उतना ही महत्त्वपूर्ण है जितना कि व्यापारिक सफलता का निर्धारण करने में ज्ञान, अनुभव और कौशल है

ट्रेडिंग मनोविज्ञान भावनाओं और मानसिक स्थिति को संदर्भित करता है जो व्यापारिक प्रतिभूतियों में सफलता या विफलता को निर्धारित करने में मदद करता है । ट्रेडिंग मनोविज्ञान किसी व्यक्ति के चरित्र और व्यवहार के विभिन्न पहलुओं का प्रतिनिधित्व करता है जो उनके व्यापारिक कार्यों को प्रभावित करते हैं। व्यापारिक मनोविज्ञान उतना ही महत्त्वपूर्ण हो सकता है जितना कि व्यापारिक सफलता का निर्धारण करने में ज्ञान, अनुभव और कौशल जैसे अन्य गुण।

अनुशासन और जोखिम उठाना व्यापारिक मनोविज्ञान के दो सबसे महत्त्वपूर्ण पहलू हैं क्योंकि एक व्यापारी द्वारा इन पहलुओं का कार्यान्वयन उसकी व्यापारिक योजना की सफलता के लिए महत्त्वपूर्ण है। भय और लालच आमतौर पर व्यापारिक मनोविज्ञान से जुड़े होते हैं, जबकि आशा और अफसोस जैसी चीजें भी व्यापारिक व्यवहार में भूमिका निभाती हैं।

चाबी छीन लेना

- ट्रेडिंग मनोविज्ञान एक निवेशक की निर्णय लेने की प्रक्रिया का भावनात्मक घटक है जो यह समझाने में मदद कर सकता है कि कुछ निर्णय दूसरों की तुलना में अधिक तर्कसंगत क्यों दिखाई देते हैं।
- व्यापार मनोविज्ञान को मुख्य रूप से लालच और भय दोनों के प्रभाव के रूप में वर्णित किया गया है।
- लालच ऐसे निर्णयों को प्रेरित करता है जो बहुत जोखिम भरे प्रतीत होते हैं।
- डर ऐसे निर्णय लेता है जो जोखिम से बचने और कम रिटर्न उत्पन्न करने के लिए प्रकट होते हैं।
- व्यवहार वित्त ने व्यापार या निवेश निर्णय लेने में शामिल कई मनोवैज्ञानिक पूर्वाग्रहों और त्रुटियों का दस्तावेजीकरण किया है।

ट्रेडिंग मनोविज्ञान को समझना

ट्रेडिंग मनोविज्ञान कुछ विशिष्ट भावनाओं और व्यवहारों से जुड़ा हो सकता है जो अक्सर बाजार व्यापार के लिए उत्प्रेरक होते हैं। बाजारों में भावनात्मक रूप से संचालित व्यवहार के पारंपरिक लक्षण ज्यादातर भावनात्मक व्यापार को लालच या भय के लिए जिम्मेदार ठहराते हैं।

लालच को धन की अत्यधिक इच्छा के रूप में माना जा सकता है, इतना अधिक कि यह कई बार तर्कसंगतता और निर्णय पर बादल छा जाता है। इस प्रकार, लालच से प्रेरित निवेशक या तर्कहीन व्यापार का यह लक्षण वर्णन मानता है कि लालच की भावना व्यापारियों को विभिन्न प्रकार के उप- व्यवहारों की ओर ले जा सकती है । इसमें उच्च-जोखिम वाले ट्रेड करना, किसी अनपरीक्षित कंपनी या तकनीक के शेयरों को सिर्फ इसलिए खरीदना शामिल हो सकता है क्योंकि यह तेजी से कीमत में बढ़ रहा है, या अंतर्निहित निवेश पर शोध किए बिना शेयर खरीदना।

इसके अतिरिक्त, लालच निवेशकों को अतिरिक्त मुनाफे को निचोड़ने या बड़े सट्टा पदों पर कब्जा करने के प्रयास में लाभदायक ट्रेडों में लंबे समय तक रहने के लिए प्रेरित कर सकता है। बुल मार्केट के अंतिम चरण में लालच सबसे अधिक स्पष्ट होता है जब अटकलें तेज होती हैं और निवेशक हवा में सावधानी बरतते हैं।

इसके विपरीत, डर व्यापारियों को समय से पहले पोजीशन बंद करने या बड़े नुकसान की चिंता के कारण जोखिम लेने से परहेज करने का कारण बनता है। भालू बाजारों के दौरान डर स्पष्ट है, और यह एक शक्तिशाली भावना है जो व्यापारियों और निवेशकों को बाजार से बाहर निकलने के लिए जल्दबाजी में तर्कहीन कार्य करने का कारण बन सकती है। डर अक्सर दहशत में बदल जाता है, जो आम तौर पर पैनिक सेलिंग से बाजार में महत्वपूर्ण बिकवाली का कारण बनता है ।

पछतावे के कारण ट्रेडर शुरू में छूटने के बाद ट्रेड में शामिल हो सकता है क्योंकि स्टॉक बहुत तेजी से आगे बढ़ा। यह व्यापारिक अनुशासन का उल्लंघन है और अक्सर सुरक्षा कीमतों से सीधे नुकसान होता है जो चरम ऊंचाई से गिर रहे हैं।

तकनीकी विश्लेषण

अपने व्यापार निर्णयों को चलाने के लिए <u>चार्टिंग तकनीकों</u> पर निर्भर होते हैं । सुरक्षा चार्टिंग सुरक्षा की गतिविधियों पर विस्तृत जानकारी प्रदान कर सकता है। जबकि <u>तकनीकी विश्लेषण</u> और चार्टिंग तकनीक अवसरों को खरीदने और बेचने के रुझानों को खोजने में सहायक हो सकती है, इसके लिए बाजार की गतिविधियों के लिए एक समझ और अंतर्ज्ञान की आवश्यकता होती है जो एक निवेशक के व्यापारिक मनोविज्ञान से प्राप्त होते हैं।

तकनीकी चार्टिंग में ऐसे कई उदाहरण हैं जहां एक व्यापारी को न केवल चार्ट की अंतर्दृष्टि पर भरोसा करना चाहिए बल्कि सुरक्षा के अपने स्वयं के ज्ञान पर भी भरोसा करना चाहिए और उनके अंतर्ज्ञान के लिए कि कैसे व्यापक कारक बाजार को प्रभावित कर रहे हैं। व्यापक सुरक्षा मूल्य प्रभावों, अनुशासन और आत्मविश्वास पर ध्यान देने वाले व्यापारी एक संतुलित व्यापारिक मनोविज्ञान दिखाते हैं जो आमतौर पर सफलता में योगदान देता है।

व्यवहार वित्त

व्यापारिक मनोविज्ञान का एक हिस्सा यह समझना है कि व्यक्ति बाजार या अन्य पैसे के मामलों में तर्कहीन निर्णय क्यों लेते हैं। <u>व्यवहार वित्तव्यवहारिक अर्थशास्त्र</u> का एक उपक्षेत्र है <u>जो मनोवैज्ञानिक प्रभावों और पूर्वाग्रहों का प्रस्ताव करता है जो निवेशकों और वित्तीय चिकित्सकों के वित्तीय व्यवहार को प्रभावित करते हैं</u> । इसके अलावा, प्रभाव और <u>पूर्वाग्रह सभी प्रकार की बाजार विसंगतियों के स्पष्टीकरण का स्रोत हो सकते हैं, विशेष रूप से शेयर बाजार में जैसे कि स्टॉक की कीमत में भारी वृद्धि या गिरावट।</u>

<u>व्यवहार वित्त में आमतौर पर निम्नलिखित अवधारणाएँ शामिल होती हैं:</u>

- <u>मानसिक लेखांकन : मानसिक लेखांकन से तात्पर्य व्यक्तियों द्वारा विशिष्ट उद्देश्यों के लिए धन आवंटित करने की प्रवृत्ति से है।</u>
- <u>झुंड का व्यवहार : झुंड का व्यवहार बताता है कि लोग झुंड के बहुमत के वित्तीय व्यवहार की नकल करते हैं। नाटकीय रैलियों और बिकवाली के पीछे कारण के रूप में हेडिंग शेयर बाजार में कुख्यात है ।</u>
- <u>भावनात्मक अंतर : भावनात्मक अंतराल अत्यधिक भावनाओं या भावनात्मक तनाव जैसे चिंता, क्रोध, भय या उत्तेजना के आधार पर निर्णय लेने को संदर्भित करता है। भावनाएं अक्सर एक प्रमुख कारण होती हैं कि लोग तर्कहीन तर्कसंगत विकल्प क्यों</u>

बनाते हैं।

- **एंकरिंग :** एंकरिंग का तात्पर्य खर्च के स्तर को एक निश्चित संदर्भ से जोड़ना है। उदाहरणों में बजट स्तर के आधार पर लगातार खर्च करना या विभिन्न संतुष्टि उपयोगिताओं के आधार पर खर्च को युक्तिसंगत बनाना शामिल हो सकता है।

- **सेल्फ एट्रिब्यूशन :** सेल्फ एट्रिब्यूशन से तात्पर्य अपने स्वयं के ज्ञान या कौशल में अति आत्मविश्वास के आधार पर चुनाव करने की प्रवृति से है। आत्म-विशेषण आमतौर पर किसी विशेष क्षेत्र में एक आंतरिक आदत से उपजा है। इस श्रेणी के भीतर, व्यक्ति अपने ज्ञान को दूसरों की तुलना में उच्च रैंक देते हैं, भले ही वह वस्तुनिष्ठ रूप से कम हो।

उदाहरण: हानि से बचना

नुकसान से बचना एक सामान्य मनोवैज्ञानिक त्रुटि है जो तब होती है जब निवेशक बाजार के लाभ की तुलना में नुकसान की चिंता पर अधिक भार डालते हैं। दूसरे शब्दों में, वे निवेश लाभ कमाने की तुलना में नुकसान से बचने के लिए उच्च प्राथमिकता देने का प्रयास करने की अधिक संभावना रखते हैं। नतीजतन, कुछ निवेशक नुकसान की भरपाई के लिए अधिक भुगतान चाहते हैं। यदि उच्च भुगतान की संभावना नहीं है, तो वे पूरी तरह से नुकसान से बचने की कोशिश कर सकते हैं, भले ही निवेश का जोखिम तर्कसंगत दृष्टिकोण से स्वीकार्य हो।

निवेश के लिए नुकसान से बचने के लिए, तथाकथित स्वभाव प्रभाव तब होता है जब निवेशक अपने विजेताओं को बेचते हैं और अपने हारने वालों पर लटके रहते हैं। निवेशकों की सोच यह है कि वे जल्दी से लाभ प्राप्त करना चाहते हैं। हालाँकि, जब कोई निवेश पैसा खो रहा होता है, तो वे उस पर टिके रहेंगे क्योंकि वे सम या अपनी प्रारंभिक कीमत पर वापस जाना चाहते हैं। निवेशक यह स्वीकार करते हैं कि वे जल्दी से निवेश के बारे में सही हैं (जब कोई लाभ होता है)। हालांकि, जब निवेशक निवेश की गलती करते हैं (जब नुकसान होता है) तो निवेशक यह स्वीकार करने से हिचकते हैं। स्वभाव पूर्वाग्रह में दोष यह है कि निवेश का प्रदर्शन अक्सर निवेशक के लिए प्रवेश मूल्य से जुड़ा होता है। दूसरे शब्दों में, निवेशक अपने व्यक्तिगत प्रवेश मूल्य के आधार पर अपने निवेश के प्रदर्शन का आकलन करते हैं, जो निवेश के मूल सिद्धांतों या विशेषताओं को बदल सकते हैं।

व्यापार मनोविज्ञान: मूल बातें से परे

व्यापार के मनोविज्ञान की अक्सर अनदेखी की जाती है, लेकिन यह एक पेशेवर व्यापारी के कौशल का एक महत्वपूर्ण हिस्सा है। डेलीएफएक्स अपनी भावनाओं को प्रबंधित करने और अपने व्यापार मनोविज्ञान को बेहतर बनाने का तरीका जानने के लिए एक आदर्श स्थान है:

हमारे विश्लेषकों ने पहले ही उतार-चढ़ाव का अनुभव किया है. इसलिए आपको ऐसा करने की जरूरत नहीं है।

उनकी शीर्ष युक्तियों को खोजने के लिए और इसके बारे में अधिक जानने के लिए पढते रहें:

- ट्रेडिंग मनोविज्ञान क्या है
- एक सफल ट्रेडर की मानसिकता में कैसे आएं
- ट्रेडिंग मनोविज्ञान की मूल बातें
- ट्रेडिंग मनोविज्ञान उपकरण और तकनीक

डे इन द लाइफ ऑफ ए ट्रेडर ' वीडियो में ट्रेडिंग की वास्तविकताओं के बारे में अधिक जानें ।

इस बात को लेकर अनिश्चित हैं कि किस व्यापारिक शैली को नियोजित किया जाए? हमारे डीएनए एफएक्स क्विज के साथ अपने आला की खोज करें !

ट्रेडिंग मनोविज्ञान क्या है?

ट्रेडिंग मनोविज्ञान एक व्यापक शब्द है जिसमें सभी भावनाओं और भावनाओं को शामिल किया जाता है जो एक विशिष्ट व्यापारी को व्यापार करते समय सामना करना पड़ेगा। इनमें से कुछ भावनाएँ सहायक होती हैं और इन्हें अपनाना चाहिए जबकि अन्य जैसे भय, लालच , घबराहट और चिंता को शामिल किया जाना चाहिए। ट्रेडिंग का मनोविज्ञान जटिल है और पूरी तरह से मास्टर होने में समय लगता है।

वास्तव में, कई व्यापारी सकारात्मक पहलुओं से अधिक व्यापारिक मनोविज्ञान के नकारात्मक प्रभावों का अनुभव करते हैं। इसके उदाहरण समय से पहले खोने वाले ट्रेडों को बंद करने के रूप में प्रकट हो सकते हैं, क्योंकि नुकसान का डर बहुत अधिक हो जाता है, या जब नुकसान का एहसास होने का डर लालच में बदल जाता है, तो स्थिति खोने पर बस दोगुना हो जाता है।

वित्तीय बाजारों में प्रचलित सबसे विश्वासघाती भावनाओं में से एक है गुम होने का डर, या FOMO जैसा कि यह जाना जाता है। परवलयिक वृद्धि व्यापारियों को इस कदम के चरम पर पहुंचने के बाद खरीदने के लिए लुभाती है, जिससे जब बाजार उलट जाता है और विपरीत दिशा में चलता है तो भारी भावनात्मक तनाव होता है।

जो व्यापारी मनोविज्ञान के सकारात्मक पहलुओं से लाभ उठाने का प्रबंधन करते हैं, जबकि बुरे पहलुओं का प्रबंधन करते हैं, उन्हें वित्तीय बाजारों की अस्थिरता को संभालने और बेहतर व्यापारी बनने के लिए बेहतर स्थिति में रखा जाता है।

व्यापार मनोविज्ञान की मूल बातें

भावनाओं का प्रबंधन

भय, लालच, उत्तेजना, अति आत्मविश्वास और घबराहट सभी विशिष्ट भावनाएं हैं जो व्यापारियों द्वारा किसी न किसी बिंदु पर अनुभव की जाती हैं । ट्रेडिंग की भावनाओं को प्रबंधित करना अकाउंट इक्विटी बढ़ने या बस्ट जाने के बीच का अंतर साबित हो सकता है ।

FOMO को समझना

FOMO के उत्पन्न होते ही उसे पहचानने और दबाने की जरूरत है। हालांकि यह आसान नहीं है, व्यापारियों को याद रखना चाहिए कि हमेशा एक और व्यापार होगा और केवल पूंजी के साथ व्यापार करना चाहिए जो वे खो सकते हैं।

ट्रेडिंग गलतियों से बचना

जबकि सभी व्यापारी अनुभव की परवाह किए बिना गलतियाँ करते हैं, इन गलतियों के पीछे के तर्क को समझने से व्यापारिक बाधाओं के स्नोबॉल प्रभाव को सीमित किया जा सकता है। कुछ सामान्य व्यापारिक गलतियों में शामिल हैं: कई बाजारों में व्यापार, असंगत व्यापारिक आकार और अधिक लाभ।

लालच पर काबू पाना

लालच व्यापारियों के बीच सबसे आम भावनाओं में से एक है और इसलिए, विशेष ध्यान देने योग्य है। जब लालच तर्क पर हावी हो जाता है, तो व्यापारी ट्रेडों को खोने पर दोगुना हो जाते हैं या पिछले नुकसान की वसूली के लिए अत्यधिक लीवरेज का उपयोग करते हैं। हालांकि यह कहा से आसान है, व्यापारियों के लिए यह समझना महत्वपूर्ण है कि व्यापार करते समय लालच को कैसे नियंत्रित किया जाए ।

लगातार ट्रेडिंग का महत्व

नए व्यापार अक्सर अवसरों की तलाश करते हैं जहां वे प्रकट हो सकते हैं और कई अलग-अलग बाजारों में व्यापार करने का लालच देते हैं, इन बाजारों में निहित मतभेदों के लिए बहुत कम या कोई संबंध नहीं है। एक सुविचारित रणनीति के बिना, जो मुट्ठी भर बाजारों पर केंद्रित है, व्यापारी असंगत परिणाम देखने की उम्मीद कर सकते हैं। लगातार व्यापार करना सीखें ।

"अपनी रणनीति के अनुसार व्यापार करें, अपनी भावनाओं के अनुसार नहीं" - पीटर हैंक्स, जूनियर एनालिस्ट

व्यक्तियों के रूप में हम अक्सर जो सुनते हैं उससे प्रभावित होते हैं और व्यापार अलग नहीं है। व्यापार के बारे में कई अफवाहें हैं जैसे: व्यापारियों के पास सफल होने के लिए एक बड़ा खाता होना चाहिए, या लाभदायक होने के लिए, व्यापारियों को अधिकांश ट्रेडों को जीतने की जरूरत है। ये व्यापारिक मिथक अक्सर एक मानसिक बाधा बन सकते हैं, जिससे व्यक्तियों को व्यापार करने से रोका जा सकता है।

जोखिम प्रबंधन लागू करना

जोखिम प्रबंधन के महत्व को कम करके नहीं आंका जा सकता। जोखिम प्रबंधन के मनोवैज्ञानिक लाभ अंतहीन हैं। लक्ष्य को परिभाषित करने और नुकसान को रोकने में सक्षम होने के कारण, व्यापारियों को राहत की सांस लेने की अनुमति मिलती है क्योंकि वे समझते हैं कि वे लक्ष्य तक पहुंचने के लिए कितना जोखिम उठाने को तैयार हैं। जोखिम प्रबंधन के एक अन्य पहलू में स्थिति का आकार और उसके मनोवैज्ञानिक लाभ शामिल हैं:

" अपने ट्रेडों के भावनात्मक प्रभाव को कम करने के सबसे आसान तरीकों में से एक है अपने व्यापार का आकार कम करना " - जेम्स स्टेनली, डीएफएफएक्स मुद्रा रणनीतिकार

एक सफल व्यापारी की मानसिकता में कैसे आएं?

हालांकि कई बारीकियां हैं जो पेशेवर व्यापारियों की सफलता में योगदान करती हैं, कुछ सामान्य दृष्टिकोण हैं जो सभी स्तरों के व्यापारी अपनी विशेष व्यापारिक रणनीति के भीतर लगातार लागू कर सकते हैं।

1) हर दिन बाजारों में सकारात्मक दृष्टिकोण लाएं। यह स्पष्ट लग सकता है, लेकिन वास्तव में, विदेशी मुद्रा बाजार में सट्टा लगाते समय सकारात्मक दृष्टिकोण रखना मुश्किल है, खासकर लगातार नुकसान के बाद। एक सकारात्मक दृष्टिकोण आपके दिमाग को उन नकारात्मक विचारों से दूर रखेगा जो नए ट्रेडों को रखने के रास्ते में आते हैं।

2) अपने अहंकार को एक तरफ रख दें। स्वीकार करें कि आप ट्रेडों को गलत करने जा रहे हैं और आप जीतने से भी अधिक ट्रेडों को खो सकते हैं। यह सभी बुरी खबरों की तरह लग सकता है लेकिन अनुशासन और विवेकपूर्ण जोखिम प्रबंधन के साथ, औसत विजेताओं को औसत नुकसान से अधिक सुनिश्चित करके खाता इक्विटी बढ़ाना अभी भी संभव है।

3) व्यापार के लिए व्यापार न करें। आप वही ले सकते हैं जो बाजार आपको देता है। कुछ दिनों में आप पंद्रह व्यापार कर सकते हैं और अन्य मामलों में आप दो सप्ताह के लिए एक भी व्यापार नहीं कर सकते हैं। यह सब इस बात पर निर्भर करता है कि बाजार में क्या हो रहा है और क्या व्यापार व्यवस्था - जो आपकी रणनीति के अनुरूप है - बाजार में दिखाई देती है।

"व्यापार निर्णय दिवआधारी नहीं हैं, लंबे बनाम छोटे हैं। कभी-कभी कुछ न करना सबसे अच्छा व्यापार है जो आप कर सकते हैं" - इल्या स्पिवक, वरिष्ठ मुद्रा रणनीतिकार

4) निराश न हों। यह पहले बिंदु के समान लग सकता है लेकिन वास्तव में छोड़ने के विचारों से संबंधित है। बहुत से लोग व्यापार को एक जल्दी अमीर बनने की योजना के रूप में देखते हैं, जबकि वास्तव में, यह व्यापार के बाद व्यापार की यात्रा है। तत्काल संतुष्टि की यह अपेक्षा अक्सर निराशा और अधीरता की ओर ले जाती है। अनुशासित रहना याद रखें और पाठ्यक्रम में बने रहें और व्यापार को एक यात्रा के रूप में देखें।

व्यापार मनोविज्ञान उपकरण और तकनीक

डेलीएफएक्स में हमारे पास ट्रेडिंग में मनोविज्ञान को समर्पित सामग्री की एक पूरी लाइब्रेरी है। निम्नलिखित विषयों पर काम करने के लिए कुछ समय निकालें:

- ट्रेडिंग प्लान बनाने के तरीके के बारे में हमारा पॉडकास्ट सुनें
- ट्रेडिंग जर्नल बनाने और बनाए रखने का तरीका जानें
- सफल व्यापारियों के लक्षणों को अपनाकर व्यापारियों द्वारा की जाने वाली # 1 गलती से बचें
- स्टॉप लॉस सेट करना, भगोड़ा नुकसान से बचने का एक शानदार तरीका है।

एक व्यापारी के सफल होने के लिए मौलिक और तकनीकी विश्लेषण की अच्छी समझ जैसी कई विशेषताओं और कौशल की आवश्यकता होती है। हालांकि, एक कौशल जिसे कई व्यापारी नजरअंदाज कर देते हैं, वह है भावनात्मक कौशल, जो व्यापार करते समय अधिक नहीं तो उतना ही महत्वपूर्ण है। भावनात्मक और मानसिक अनुशासन उन प्रमुख मापदंडों में से एक है जो पेशेवरों को औसत व्यापारियों से अलग करता है।

ट्रेडिंग मनोविज्ञान का महत्व

एक ट्रेडर को दिन-ब-दिन कई जटिल और तेज़ ट्रेडिंग फ़ैसले लेने पड़ते हैं। एक निश्चित मात्रा में सटीकता के साथ इसे प्राप्त करने के लिए, व्यापारियों को अच्छे मानसिक संतुलन की आवश्यकता होती है। कई बार भावनाएं व्यापारी के रास्ते में आ जाती हैं जिससे वह अपनी स्थापित व्यापारिक योजनाओं से विचलित हो जाता है जिसमें पूर्वनिर्धारित लक्ष्य और स्टॉप लॉस शामिल हैं। कभी-कभी, व्यापारियों को भारी नुकसान उठाना पड़ता है क्योंकि वे व्यापार के दौरान अपनी भावनाओं को प्रबंधित करने में असमर्थ होते हैं।

अक्सर व्यापारिक भावनाओं का सामना करना पड़ता है

वित्तीय बाजारों में व्यापार करने वाला कोई भी व्यापारी लगातार कई भावनाओं का सामना करता है जिसमें भय, लालच, अफसोस और आशा चार सबसे प्रमुख हैं।

डर

डर एक भावना है जो एक व्यापारी आमतौर पर व्यापार करने के तुरंत बाद सामना करता है। जब व्यापारी देखता है कि व्यापार उसके खिलाफ थोड़ा सा जाता है, तो डर पैदा हो जाता

है, जिससे वह अपनी स्थिति बंद कर देता है। जब ऐसा होता है, तो व्यापारी आम तौर पर ओवररिएक्ट करते हैं और अपनी होल्डिंग को लिक्विडेट करने की प्रवृति रखते हैं, जिससे बाजारों में बहुत कम हलचल होती है।

शॉर्ट कवरिंग ट्रेडर के मन में डर का प्रवेश करने का एक उत्कृष्ट उदाहरण है। निफ्टी फ्यूचर्स के ऊपर के चार्ट में कीमतों में तेजी से 9650 के स्तर से 9950 के स्तर पर तेजी देखी गई, जहां बाजारों ने समेकित करना शुरू किया, निफ्टी फ्यूचर्स में क्रमिक वृद्धि के साथ ओआई ट्रेडर्स ने फ्यूचर्स मार्केट में नई शॉर्ट पोजीशन बनाना शुरू कर दिया, उम्मीद है कि कीमतों में एक छोटी सी गिरावट के साथ-साथ खुले ब्याज में बढ़ोतरी के कारण बाजार में सुधार हुआ। जैसे ही 23 जुलाई से निफ्टी फ्यूचर्स की कीमत बढ़ने लगी, डर पैदा हो गया और फ्यूचर्स मार्केट में जो ट्रेडर्स कम थे, उन्हें कवर के लिए दौड़ना पड़ा और अपनी शॉर्ट पोजीशन बंद करनी पड़ी। निफ्टी फ्यूचर कॉन्ट्रैक्ट्स की ओपन इंटरेस्ट पोजीशन में तेज गिरावट से यह घबराहट देखी गई।

कुछ अन्य सामान्य परिदृश्य हैं जब एक व्यापारी को डर का सामना करना पड़ता है:

- लाभ वापस देने के डर से जीत की स्थिति को छोटा करें
- संभावित नुकसान के डर से व्यापार शुरू करने में झिझक
- नुकसान उठाने के डर से ट्रेडों को खोने के लिए रुकें

लालच

लालच लाभ की अत्यधिक इच्छा है। लालच व्यापारी को एक लाभदायक व्यापार में अधिक समय तक रहने के लिए प्रेरित करता है, जो कि अंतिम पैसा निकालने के प्रयास में मौलिक या तकनीकी रूप से उचित है। व्यापारियों के बीच लालच आम तौर पर एक बैल बाजार में देखा जाता है जब व्यापारी हवाओं को सावधानी बरतते हुए व्यापार करते हैं।

हम सभी ने नवीनतम एक व्यापार किया है जिसमें हमने एक विशेष स्टॉक को लंबे समय तक रखा और फिर ब्रेक ईवन पर बेचा। लालच हमारे सोचने के तरीके को बदल देता है और हमें तर्कसंगत तरीके से कार्य करने से रोकता है।

सीडीएसएल लिमिटेड के ऊपर दिए गए चार्ट में ऐसे कई व्यापारी होंगे जिन्होंने स्टॉक को केवल लिस्टिंग लाभ के लिए खरीदा होगा, क्योंकि स्टॉक तेजी से ऊपर चला गया। बाद के दिनों में लालच उनकी ट्रेडिंग योजना में प्रवेश कर गया और व्यापारियों ने स्टॉक को रोक लिया होगा। 14 जुलाई को स्टॉक में ~ 20% का तेज सुधार देखा गया, जो स्टॉक से बाहर निकलने के लिए चार्ट पर एक स्पष्ट तकनीकी संकेत दे रहा था। जो व्यापारी लालच देकर स्टॉक से बाहर नहीं निकले, वे वर्तमान में स्टॉक को 15% कम रखेंगे। तकनीकी निकास स्तरों की तुलना में और अपने अब तक के उच्चतम स्तर से 30% कम।

खेद

पछतावा एक भावना है जो दोनों तरीकों से आ सकती है अर्थात एक व्यापारी को व्यापार करने पर पछतावा हो सकता है या एक को न रखने का पछतावा हो सकता है। पछतावे के कारण एक ट्रेडर शुरू में ट्रेड से चूक गया क्योंकि स्टॉक बहुत तेजी से आगे बढ़ा। इससे व्यापारिक अनुशासन का उल्लंघन होता है और इससे व्यापारी को भारी नुकसान हो सकता है। आपको केवल यह जानने की जरूरत है कि कुछ अवसरों को खो देना या कुछ खराब ट्रेडों का होना ठीक है। बाजार द्वारा पेश किए जाने वाले सभी अवसरों को कोई भी हड़प नहीं सकता है। एक बार जब आप इस मानसिकता को प्राप्त कर लेंगे तो आपका व्यापार परिप्रेक्ष्य बदल जाएगा।

आयशर मोटर्स और अवंती फीड्स जैसे स्टॉक हमेशा मौजूद रहेंगे जिन्हें खरीदने से हम चूक गए। एक छूटा हुआ अवसर केवल दिमाग में छूटा हुआ अवसर होता है और बाजारों में व्यापार/निवेश का हिस्सा और पार्सल होता है। चार हजार से ज्यादा कंपनियां मार्केट में लिस्टेड हैं। प्रत्येक अवसर को हथियाना मानवीय रूप से संभव नहीं है।

आशा

आशा पर आधारित व्यापार जुए के समान है। कई व्यापारी वसूली की आशा देते हैं और उन्हें अपने नुकसान में कटौती करने से रोकते हैं। जब हम बाजार में एक स्थिति बनाते हैं, तेजी या मंदी हम एक व्यापार योजना के साथ शुरू करते हैं और आशा पर समाप्त होते हैं। जब व्यापार हमारे खिलाफ हो जाता है, तो आशा जैसी भावनाएं हमारे दिमाग में प्रवेश करती हैं, हमें यह सोचने के लिए मजबूर करती हैं कि अगर हम व्यापार को थोड़ी देर तक जारी रखते हैं तो कोई भी नुकसान मिट सकता है। इससे बचने का एकमात्र तरीका यह है कि आप अपनी पूंजी को नष्ट करने से पहले अपने व्यापारिक व्यवहार में आशा के कारक को पहचान लें।

ल्यूपिन लिमिटेड के उपरोक्त चार्ट में, जो एक साप्ताहिक चार्ट है, व्यापारी स्टॉक के लिए दीर्घकालिक समर्थन को ध्यान में रखते हुए 1400 रुपये पर स्टॉक खरीद सकते थे। दो सप्ताह बाद स्टॉक ने अपने समर्थन स्तर को तोड़ दिया; एक पेशेवर व्यापारी ने अपनी स्थिति में कटौती की और मामूली नुकसान के साथ बाहर निकल गया। एक नौसिखिए व्यापारी जो भावनाओं को अपने से बेहतर होने देता है और अपनी स्थिति को इस उम्मीद में रखता है कि यह उलट जाएगा, उसे भारी नुकसान का सामना करना पड़ेगा क्योंकि स्टॉक वर्तमान में 987 के स्तर पर कारोबार कर रहा है।

सफल व्यापारियों के मनोवैज्ञानिक लक्षण

- अपनी सीमाएं जानें और अधिक व्यापार न करें
- जोखिम प्रबंधन आपकी व्यापारिक पूंजी को संरक्षित करने और व्यापारिक सफलता प्राप्त करने की कुंजी है
- हर समय ट्रेडिंग अनुशासन बनाए रखें
- अपने व्यापार की शुरुआत में निर्धारित व्यापार योजना पर टिके रहें

"व्यापारी का सबसे बड़ा दुश्मन डर है। जो डरता है वह हार जाता है।"

चाबी छीन लेना

- एक सफल व्यापारी होने के लिए सही मानसिकता आवश्यक है, नॉर्मन वेल्ज़ , ट्रेडिंग मनोविज्ञान पर 2012 की जर्मन पुस्तक, "ट्रेडिंगसाइकोलॉजी" के लेखक कहते हैं ।
- व्यापारिक मनोविज्ञान से निपटने के लिए वेल्ज़ अवचेतन और सम्मोहन के माध्यम से व्यापारियों के दिमाग पर काम करता है।
- वेल्ज़ कहते हैं, प्रभावी व्यापार में व्यक्तित्व संशोधन शामिल है , जहां जो केवल चार्ट और प्रवृत्तियों पर ध्यान केंद्रित करते हैं, वे अंततः खेलने में आने वाली असंख्य भावनाओं पर झूम उठेंगे।

यह वास्तव में दिमाग में है

समस्या का सार यह है कि अधिकांश लोगों को इसके सभी रूपों में सुरक्षा की आवश्यकता होती है, लेकिन "व्यापार सबसे असुरक्षित व्यवसाय है जिसमें आप हो सकते हैं," वेल्ज़ कहते हैं । उनका तर्क है कि कोई अन्य पेशा इतनी अधिक और इतनी तीव्र भावनाओं को पैदा नहीं करता है और हमारे व्यक्तित्व को इतना प्रतिबिंबित करता है। वे कहते हैं कि शेयर बाजार की गतिविधियां पैसे का प्रतिनिधित्व करती हैं: "हम केवल संपत्ति और धन का व्यापार नहीं करते हैं, हम पैसा बन जाते हैं," वेल्ज़ के अनुसार ।

व्यापार करने के लिए, सही मानसिकता आवश्यक है। फिर भी, हमारे दिमाग को पहली जगह बनाने वाले कई कारकों से खुद को तलाक देने से ज्यादा कठिन कुछ भी नहीं है और यह तय करता है कि हमारा दिमाग कैसे काम करता है। हम माता-पिता, परिवार, दोस्तों, पर्यावरण, समाज, मीडिया, किताबों आदि से प्रभावित होते हैं। जब तक हम ट्रेडिंग शुरू करते हैं, तब तक ये सभी प्रभाव ट्रेडिंग पैटर्न को ठीक कर देते हैं जो अक्सर खराब या उप-इष्टतम होते हैं। इन पैटर्नों को बदलने की कोशिश करना कहीं न कहीं कठिन और भयावह है।

व्यापारी मनोविज्ञान की शक्ति की उपेक्षा क्यों करते हैं?

वेल्ज़ के दृष्टिकोण को समझने के लिए मनोविज्ञान और मस्तिष्क की व्यापक भूमिका को समझना आवश्यक है। जबकि यह धारणा कि मनोविज्ञान शेयर बाजार के लिए महत्वपूर्ण है, कोई नई बात नहीं है, वेल्ज़ का मानना है कि व्यापार का शाब्दिक अर्थ 100% मनोविज्ञान है। मानस के बिना, हम कभी भी वित्तीय जोखिम का मूल्यांकन नहीं कर सकते या प्रवृतियों को पहचान नहीं सकते। "कोई दिमाग नहीं, कोई स्टॉक मार्केट ट्रेडिंग नहीं," वेल्ज़ कहते हैं । इस प्रकार मानसिक शक्ति व्यापार की सफलता के लिए बिल्कुल मौलिक है । इसके अलावा, हमारे लगभग 95% कार्य अवचेतन हैं, और हम अपने व्यवहार को बार-बार दोहराने की प्रवृति रखते हैं। अक्सर, इस प्रतिकृति का अर्थ है गलत या विनाशकारी कार्रवाई को दोहराना।

इस तर्क का समर्थन करने के लिए, वेल्ज़ एक अध्ययन को संदर्भित करता है जिसमें 120 व्यापारियों को एक प्रणाली दी गई थी जिसने पिछले 20 वर्षों में से 19 में सांख्यिकीय रूप से अपने आंतरिक मूल्य को साबित किया था। एक परीक्षण वर्ष के बाद, यह स्पष्ट हो गया कि इनमें से 119 व्यापारी इस प्रणाली के साथ विफल हो गए क्योंकि उनकी मानसिक प्रवृति ने उन्हें भटका दिया। एक व्यापारी को छोड़कर सभी की मानसिक प्रक्रियाएं गलत थीं। "सफलता सिर से आती है," वेल्ज़ कहते हैं । व्यवस्था अच्छी थी, लेकिन जिस मनोवृति और मनोविज्ञान के साथ व्यापारियों ने उस व्यवस्था को लागू किया वह नहीं था।

अधिकांश व्यापारी पुरुष हैं, जो सोचते हैं कि मनोविज्ञान वास्तव में मायने नहीं रखता है। वे सोचते हैं कि जो मायने रखता है, वह ठंडे तर्कसंगत, अच्छी तरह से सूचित और अनुभवी होने की सरल धारणाएं हैं। वेल्ज़ के अनुसार , हालांकि, तर्कसंगतता, सूचना और अनुभव मदद नहीं करते हैं यदि मस्तिष्क को उचित रूप से क्रमादेशित और ट्यून नहीं किया जाता है । तो हम अपने दिमाग और अवचेतन को उचित रूप से कार्य करने के लिए क्या कर सकते हैं?

वेल्ज़ का दृष्टिकोण

Welz अवचेतन और सम्मोहन के माध्यम से व्यापारियों के दिमाग पर काम करता है। प्रशिक्षुओं को एक भरोसेमंद मूड में रखा जाता है और आवश्यक दक्षताओं को मस्तिष्क के अवचेतन क्षेत्रों में लंगर डाला जाता है। अगर यह प्रक्रिया थोड़ी अजीब लगती है, तो इस पर विचार करें: कई सालों से, वेल्ज़ ने लोगों को उनके डर और रुकावटों को दूर करने में मदद की है, जिससे उन्हें खेल चैंपियनशिप जीतने और यहां तक कि ओलंपिक जीत हासिल करने में मदद मिली है। इसके अलावा, उन्होंने सही मानसिक ऊर्जा, प्रेरणा और इस प्रकार, व्यवहार को सक्रिय करके व्यापारियों को पैसा कमाने में मदद की है । उन्होंने जोर दिया कि प्रत्येक व्यक्ति के पास अद्वितीय मानसिक पुल और बाधाएं होती हैं जिन्हें सफलता सुनिश्चित

करने के लिए पार करने या दूर करने की आवश्यकता होती है।

"व्यापारिक अनुशासन" किसी के व्यवहार को वांछित दिशा में संशोधित करने और मानसिक प्रतिरोध और भय पर काबू पाने से आता है जो आम तौर पर रास्ते में आता है। विशेष रूप से व्यापार के संदर्भ में, वेल्ज़ का मानना है कि "प्रतिरोध की सेनाएं हैं।" व्यापारिक मस्तिष्क वास्तव में सही मानसिक क्षमताओं के साथ सही निवेश और बाजार ज्ञान के एकीकरण पर जोर देता है। ऐसा नहीं है कि सामान्य कौशल महत्वहीन हैं, यह सिर्फ इतना है कि वे आमतौर पर गलत मानसिक और व्यवहारिक पैटर्न से प्रभावित हो जाते हैं।

इस प्रकार प्रभावी व्यापार में व्यक्तित्व संशोधन शामिल है। वेल्ज़ के अनुसार , "जो लोग यह प्रयास करने को तैयार नहीं हैं उन्हें व्यापार से भी परेशान नहीं होना चाहिए।" जो लोग केवल चार्ट और प्रवृत्तियों के तथाकथित तार्किक पहलुओं पर ध्यान केंद्रित करते हैं, जिसमें " झंडे , त्रिकोण , और चैनल या स्टॉप और ट्रेडिंग रेंज " जैसे सभी पैटर्न शामिल हैं, वे अंततः असंख्य भावनाओं पर भड़क जाएंगे जो अनिवार्य रूप से खेल में आते हैं और यहां तक कि हावी भी होते हैं। बाजार।

उपरोक्त, वेल्ज़ बताते हैं , उनके सिद्धांत का "अल्ट्रा-शॉर्ट संस्करण" है, लेकिन वास्तव में इस मामले का सार है। इसके अलावा, उनका मानना है कि कोई भी व्यापारी बन सकता है और अपने डर को दूर कर सकता है। बशर्ते कि लोग चिकित्सकीय रूप से बीमार न हों, वे उन मूलभूत चिंताओं को हल कर सकते हैं यदि वे वास्तव में स्वयं पर काम करने के इच्छुक हैं। इसके अलावा, यदि सफलता का परिणाम प्राप्त करना है तो उन्हें वास्तविकता की अच्छी समझ और पकड़ की आवश्यकता होती है। बेशक, वित्तीय ज्ञान और कौशल, सूचना और अनुसंधान सभी अभी भी महत्वपूर्ण भूमिका निभाते हैं।

हालांकि, वहां पहुंचना कठिन काम है। वेल्ज़ का मानना है कि लोगों को यह नहीं सोचना चाहिए कि वे "एक मिनी-खाते से शुरू कर सकते हैं और छह महीने के भीतर एक पेशेवर व्यापारी के रूप में अपनी कमाई से जी सकते हैं।" इसमें समय और समर्पण लगता है। वेल्ज़ का मानना है कि अगर ऐसा नहीं होता, तो सड़कें फेरारी और पोर्श से भरी होतीं।

अधिकतर पूछे जाने वाले सवाल

आप एक व्यापारिक मस्तिष्क कैसे विकसित करते हैं?

के लिए सही मानसिकता में आने के लिए, आपको भावनाओं और मनोविज्ञान की भूमिका को पहचानना होगा और उन प्रभावों को कम करने के लिए सक्रिय रूप से कदम उठाने होंगे। एक अनुशासित दिनचर्या और वस्तुनिष्ठ व्यापारिक रणनीति रखें। पूर्व-निर्धारित प्रविष्टि और निकास बिंदुओं के साथ अपने ट्रेडों का दस्तावेजीकरण करें और वे कैसे आगे बढ़ते हैं, जिन्हें ध्वनि मानदंडों का उपयोग करके संशोधित किया जा सकता है।

नॉर्मन वेल्ज़ कौन है?

नॉर्मन वेल्ज़ बाजार मनोविज्ञान पर जर्मन पुस्तक के लेखक हैं, जिसे ट्रेडिंगसाइकोलॉजी कहा जाता है - सो डेनकेन एंड हैंडलन डाई प्रोफिस ("ट्रेडिंग साइकोलॉजी - इस तरह पेशेवर सोचते हैं और कार्य करते हैं")।

बाजार मनोविज्ञान हमें क्या सिखाता है?

क्योंकि बाजार के अभिनेता इंसान हैं, मानव पसंद के कुल के रूप में बाजार झुंड के व्यवहार और अन्य तर्कहीन प्रवृत्तियों जैसे कि घबराहट की बिक्री और तर्कहीन उत्साह प्रदर्शित कर सकते हैं जो परिसंपत्ति मूल्य बुलबुले की ओर जाता है। बाजार मनोविज्ञान के अस्तित्व को स्वीकार करके, हम समझ सकते हैं कि बाजार हमेशा कुशल या तर्कसंगत नहीं होते हैं।

कोई अपने लाभ के लिए बाजार मनोविज्ञान का उपयोग कैसे कर सकता है?

अपना स्वयं का शोध करके, लोग यह पहचान सकते हैं कि बाजार मनोविज्ञान जैसे भय या लालच का परिणाम क्रमशः अधिक या अधिक खरीद की स्थिति में होता है, और विपरीत व्यापार करते हैं - जब अन्य लोग अधिक खरीद रहे होते हैं और बेचते हैं तो खरीदारी करते हैं। यह रुझानों पर जल्दी कूदने में भी मदद कर सकता है, लेकिन रुझानों का पीछा नहीं कर सकता है क्योंकि वे पहले ही अपने मूल सिद्धांतों से आगे निकल चुके हैं।

तल - रेखा

की मौलिक भूमिका को कम करके आंका जाता है और तकनीकी पक्ष पर बहुत अधिक जोर दिया जाता है। जबकि दोनों आवश्यक हैं, यह यकीनन सही मानसिकता है जो असफल व्यापारियों से सफल को अलग करती है। हालांकि, व्यापार के तकनीकी पहलुओं को सीखना एक शीर्ष व्यापारिक मस्तिष्क प्राप्त करने की तुलना में अधिक सरल है। उत्तरार्द्ध आम तौर पर अपने स्वयं के व्यक्तित्व लक्षणों पर गहनता से काम करने और उलझे हुए व्यवहार पैटर्न को मिटाने पर जोर देता है। यह प्रक्रिया आसान नहीं है और इसके लिए समर्पण, समय और अक्सर एक कुशल प्रशिक्षक की सहायता की आवश्यकता होती है। फिर भी, परिणाम लाभांश काटने की बहुत संभावना है।

ट्रेडिंग और निवेश की मूल बातें जानें

ट्रेडिंग और निवेश के बारे में अधिक जानना चाहते हैं? आपकी सीखने की शैली से कोई फर्क नहीं पड़ता, आपको आरंभ करने के लिए पर्याप्त से अधिक पाठ्यक्रम हैं। Udemy के साथ , आप वास्तविक दुनिया के विशेषज्ञों द्वारा सिखाए गए पाठ्यक्रमों को चुनने और मोबाइल और डेस्कटॉप पर आजीवन पहुंच के साथ अपनी गति से सीखने में सक्षम होंगे। आप दिन के कारोबार, विकल्प स्प्रेड, और बहुत कुछ की बुनियादी बातों में महारत हासिल करने में सक्षम होंगे। उदमी के बारे में और अधिक जानकारी प्राप्त करें और आज ही आरंभ करें।

यदि आप एक बेहतर ट्रेडर बनना चाहते हैं, तो आपको ट्रेडिंग मनोविज्ञान में महारत हासिल करने की आवश्यकता है।

भावनाओं से ज्यादा तेजी से आपके व्यापार को बर्बाद नहीं कर सकता। डर, लालच, आशा, अफसोस - ये सभी आपके व्यापार पर कहर बरपा सकते हैं।

यदि आपने बाजारों में कोई समय बिताया है, तो आप पहले से ही जानते हैं। लेकिन क्या आप जानते हैं कि इसके लिए क्या करना चाहिए?

इस पोस्ट में, मैं आपको व्यापार करते समय अपनी भावनाओं को नियंत्रित करने में मदद करने के लिए कुछ सुझाव दूंगा। मैं देखने के लिए कुछ सामान्य नुकसानों को भी कवर करूंगा और खेल में अपना सिर रखने के लिए कुछ कदम उठाऊंगा।

ट्रेडिंग मनोविज्ञान व्यापारियों की मानसिक और भावनात्मक स्थिति

ट्रेडिंग मनोविज्ञान व्यापारियों की मानसिक और भावनात्मक स्थिति से संबंधित है। यह सब इस बारे में है कि आपका व्यवहार और मानसिकता आपके व्यापार को कैसे प्रभावित करती है। यह आपके अनुशासन और जोखिम लेने पर भी स्पर्श करता है।

दीर्घकालिक व्यापारिक सफलता में एक बड़ी भूमिका निभाता है । यह समझना उतना ही महत्वपूर्ण हो सकता है कि आप ट्रेडिंग के बारे में कैसे सोचते हैं क्योंकि यह आपके शेयर बाजार कौशल पर काम करना है।

आइए ट्रेडिंग में दो बड़ी भावनाओं को देखें:

- लालच एक व्यापारी को बहुत लंबे समय तक एक स्थिति में रहने के लिए मजबूर कर सकता है ताकि उसके हर अंतिम प्रतिशत को कम करने की कोशिश की जा सके। लालच भी व्यापारियों को जोखिम भरे और सट्टा पदों को लेने के लिए प्रेरित कर सकता है। यह बुल मार्केट के अंत में सबसे आम है जब अटकलें जंगली चलती हैं।

- भय इसके विपरीत है। यही कारण है कि लोग घाटे को कम करने और अतिरिक्त जोखिम लेने से बचने के लिए जल्दी बेचते हैं। भालू बाजारों के दौरान डर आम है। यह कुछ व्यापारियों को तर्कहीन रूप से बाजार से बाहर कर सकता है।

शेयर बाजार मनोविज्ञान की ताकत को कभी कम मत समझो। डर दहशत में बदल सकता है।

आपकी समग्र ट्रेडिंग रणनीति में भावनाएं एक बड़ी भूमिका निभाती हैं। यदि आप सफल होना चाहते हैं, तो आपको उनमें महारत हासिल करने की आवश्यकता है।

ट्रेडिंग मनोविज्ञान को समझना बेहतर

व्यापारिक मनोविज्ञान में महारत हासिल करने की एक कला है। आपकी भावनाएँ, भय, आशाएँ और सपने समय के साथ बदलेंगे। आपको अनुकूलन करने में सक्षम होने की आवश्यकता है। स्टॉक को एक बड़े रन-अप के बाद समेकित करने के लिए समय चाहिए और इंसानों को भी। हमें अपनी बड़ी जीत के पीछे मानसिक और भावनात्मक कौशल को एकीकृत करने के लिए समय चाहिए।

यदि आप मैला व्यापार के आगे झुकते हैं, तो उस निर्णय के पीछे अक्सर एक विचार या भावना होती है। पता करें कि क्या हुआ और इसे ठीक करने के लिए काम करें।

बहुत से लोग भावनाओं को व्यापार से बाहर निकालने की सलाह देते हैं ... लेकिन यह 100% करना असंभव है। इसके बजाय, अपने लक्ष्यों का पता लगाएं और खुद को याद दिलाएं कि ट्रेडिंग आपको उन्हें हासिल करने में कैसे मदद कर सकती है।

शेयर बाजार मनोविज्ञान क्यों महत्वपूर्ण है?

एक व्यापारी के रूप में, आपको अपनी भावनाओं और मानसिकता को समझना चाहिए । इससे आपको यह पहचानने में मदद मिलती है कि आप कब तर्कहीन तरीके से काम कर रहे हैं।

अब हजारों डॉलर खोने की कल्पना करो। शायद इतना ही काफी है जो आपको थोड़ा सा दहशत में डाल देगा। और घबराहट आपको उन तरीकों से व्यवहार करने के लिए मजबूर कर सकती है जिनकी आपने कभी उम्मीद नहीं की थी।

इसलिए आपको अपने शेयर बाजार के मनोविज्ञान को समझना होगा। यदि आप ऐसा नहीं करते हैं, तो आप इस समय की गर्मी में, प्रचार से, या घबराहट से बह सकते हैं।

एक सफल व्यापारी भावनाओं को प्रबंधित करना सीखता है - तब भी जब बाकी सभी इसे खो रहे हों। कैसे? ट्रेडिंग नियमों का एक सेट बनाएं और उनका पालन करें। जितना हो सके समीकरण से भावनाओं को दूर करने के लिए अपने फैसले पहले से तय कर लें।

यहां बताया गया है कि आपके नियमों में कम से कम क्या शामिल होना चाहिए:

• आप कितना हासिल करना या खोना चाहते हैं, इस पर सीमाएं।

- वे मूल्य जहां आप किसी ट्रेड में प्रवेश करेंगे या बाहर निकलेंगे। यदि आप एक विशिष्ट लाभ लक्ष्य या हानि को हिट करते हैं, तो या तो पैसे लें या अपने नुकसान को कम करें।

सबसे महत्वपूर्ण बात, खुद को शिक्षित करें। अनुसंधान और चार्ट का अध्ययन करने के लिए प्रतिबद्ध। बेहतर निर्णय लेने के लिए अपने आप को सही उपकरणों और रणनीतियों के साथ बांधे रखें।

और लचीला रहें। विभिन्न स्टॉप-लॉस स्तरों का परीक्षण करने जैसे नए विचारों के साथ प्रयोग करें। प्रयोग करना सीखने की प्रक्रिया का एक बड़ा हिस्सा है।

ट्रेडिंग मनोविज्ञान को प्रभावित करने वाली भावनाएं

लालच और भय दो सबसे आम भावनाएं हैं जो व्यापारिक मनोविज्ञान को प्रभावित करती हैं। यह व्यक्तिगत स्तर पर और पूरे समूह के लिए सच है।

जब व्यापारियों का एक समूह लालची हो जाता है, तो खरीदारी का उन्माद हो सकता है। बाजार में तेजी बनी हुई है। जब डर लगता है, तो पैनिक सेलिंग शुरू होने के बाद ट्रेड तेजी से मंदी की ओर मुड़ सकता है।

1. लालच

लालच एक मजबूत प्रेरक है। लालच के बिना, आप पहली बार में स्टॉक खरीदने की हिम्मत नहीं करेंगे। विशेष रूप से स्केची पेनी स्टॉक नहीं, है ना?

लालच आपको सुबह जगाता है और आपको हार मानने से रोकता है। लेकिन कभी-कभी यह भी होता है कि आप बहुत अधिक जोखिम क्यों उठाते हैं।

बाजार आपकी मर्जी के आगे नहीं झुकेगा।

कभी-कभी आपके द्वारा बड़ी जीत हासिल करने के बाद यह शांत हो जाता है। आप ऊब जाते हैं और चिंतित महसूस करने लगते हैं। आपके लालची पक्ष का कोई रास्ता नहीं है। तो आप एक ऐसा व्यापार लेते हैं जिससे आप परिचित नहीं हैं, उम्मीद है कि यह भुगतान करेगा।

हो सकता है कि आप भाग्यशाली हों और आपका व्यापार सही दिशा में आगे बढ़े। आप आगे बढ़ते हैं और अपने निकास मूल्य पर संदेह करना शुरू करते हैं। वहाँ क्यों रुकें? आपको बाजार से जितना मिल सकता है उतना चाहिए।

लेकिन फिर चलन उलट जाता है। आपकी भावनाएँ उस पैसे को स्वीकार करने के लिए तैयार नहीं हैं जो आपने खो दिया है। आपने उच्च स्तर पर बिक्री नहीं की, और अब आप एक स्वीकार्य लाभ लक्ष्य तय नहीं कर सकते। आपका लाभ कम हो जाता है।

यदि आप मनोवैज्ञानिक व्यापारिक गलतियों से बचना चाहते हैं, तो आपको व्यापार में जाने के अपने इरादों के बारे में स्पष्ट होना चाहिए। बाजार में उतरने से पहले एक दिन के लिए अपने दिमाग की जांच करने के लिए कुछ समय निकालें। <u>आपका खाता इसके लिए आपको धन्यवाद देगा</u> ।

2. भय

डर एक मुश्किल भावना है। यह तब प्रकट होता है जब हम किसी आदत को बदलना चाहते हैं।

असफलता का डर बहुत आम है। हम सभी सफल होना चाहते हैं, और हम सभी अपने प्रयासों के लिए प्रशंसा चाहते हैं। लेकिन यह हमारे ट्रेडिंग गेम में कुछ प्रदर्शन दबाव जोड़ सकता है।

<u>सफलता</u> के डर का भी बड़ा असर हो सकता है। यदि आप उन्हें मात देते हैं तो आपको डर हो सकता है कि आप मित्रों को खो देंगे। और सफलता ईर्ष्यालु और बेईमान लोगों को लकड़ी के काम से बाहर ला सकती है।

ट्रेडिंग के 4 डर

अपने डर का सामना करना ज़रूरी है, तो आइए इसे दूर करते हैं...

ट्रेडिंग मनोविज्ञान डर # 1 | गर्व

अच्छी तरह से किए गए काम पर गर्व करना अच्छा है। लेकिन कभी-कभी, हम बड़ी जीत हासिल करने की अपनी क्षमता पर गर्व करते हैं। यह समस्याग्रस्त हो सकता है क्योंकि हम बाजारों को नियंत्रित नहीं कर सकते।

ट्रेडिंग मनोविज्ञान डर # 2 | खुशी

खुशी एक गुण है, है ना? ज़रूर, लेकिन यह आलस्य भी पैदा कर सकता है।

यदि हम बहुत लंबे समय तक अपनी प्रतिष्ठा पर टिके रहते हैं, तो हम कुछ महान अवसर चूक सकते हैं। और अगर हम निराशा के अभ्यस्त हैं, तो हम सफलता की अपरिचित भावना से डर सकते हैं। अजीब, है ना?

ट्रेडिंग मनोविज्ञान डर #3 | क्रोध

क्रोध, गर्व की तरह, हमें समझा सकता है कि हम बाजार से बेहतर जानते हैं। यदि हम बाजार के कार्यों को स्वीकार नहीं कर सकते हैं और हम अपने सर्वशक्तिमान ज्ञान से असहमत होने

के कारण उस पर क्रोधित हो जाते हैं, तो हम एक खराब व्यापार को और खराब करने का जोखिम उठाते हैं।

ट्रेडिंग मनोविज्ञान डर #4 | अधीरता

सब्र का फल मीठा होता है। लेकिन चलो इसका सामना करते हैं, पूरे दिन हमारी स्क्रीन पर घूरना थका देने वाला हो सकता है।

ध्यान केंद्रित रहना और अपने ट्रेडों को जीतने का समय देना महत्वपूर्ण है। यदि आप बहुत जल्द बाहर हो जाते हैं, तो आप उस बड़े ब्रेकआउट से चूक सकते हैं जिसकी आप उम्मीद कर रहे थे। जैसा कि आप देख सकते हैं, भय और लालच को संतुलित करने के लिए बहुत अभ्यास की आवश्यकता होती है।

7 चरणों में अपने ट्रेडिंग मनोविज्ञान कौशल को कैसे मास्टर करें

हर कोई जानना चाहता है कि ट्रेडिंग मनोविज्ञान में कैसे महारत हासिल की जाए। ये सात टिप्स मदद कर सकते हैं ...

1 | पेपर ट्रेडिंग अकाउंट के साथ अभ्यास करें

लर्निंग डे ट्रेडिंग अनुभव और अभ्यास के बारे में उतना ही है जितना कि यह कौशल और ज्ञान के बारे में है।

हो सकता है कि आप अभी तक अपनी मेहनत की कमाई को फेंकने के लिए तैयार महसूस न करें। एक पेपर ट्रेडिंग खाता सेट करें। वास्तविक पैसे के शामिल होने पर आने वाले सभी तनाव और भावनाओं के बिना आप रीयल-टाइम ट्रेडों का अभ्यास कर सकते हैं।

पेपर ट्रेडिंग आपको आत्मविश्वास बनाने में मदद कर सकती है।

यदि आप ट्रेडिंग में नए हैं, तो एक पेपर ट्रेडिंग अकाउंट आपको ट्रेडिंग सॉफ्टवेयर और ट्रेडों की समीक्षा और निष्पादन की प्रक्रिया सीखने में मदद कर सकता है। लिमिट ऑर्डर और स्टॉप लॉस का उपयोग करके अभ्यास करने के लिए इसका इस्तेमाल करें। अपने जोखिम का प्रबंधन करना सीखें।

कुछ हफ्तों या महीनों के लिए पेपर ट्रेडिंग का अभ्यास करें। समय के साथ अपने ट्रेडिंग प्रदर्शन का विस्तृत रिकॉर्ड रखें। आपको अन्य कारकों का भी हिसाब देना होगा। क्या आप बैल बाजार या भालू बाजार में हैं? बाजार कब और कब बदलता है, हो सकता है कि आपकी रणनीतियां अब काम न करें।

वैसे, पेपर ट्रेडिंग सिर्फ शुरुआती लोगों के लिए नहीं है। जैसे-जैसे आपके कौशल बदलते हैं और बढ़ते हैं, यह वापस लौटने का एक आसान उपकरण है। एक जोखिम भरा व्यापार या

ऐसी रणनीति का प्रयास करने के लिए इसका इस्तेमाल करें, जिस पर आप वास्तविक धन पर दांव लगाने के लिए तैयार नहीं हैं।

#2 सीखने के लिए शुल्क के रूप में अपना पहला नुकसान मान लें

महीनों के अभ्यास के बाद भी लाइव खाते में कूदने जैसा कुछ नहीं है।

यह बस ... अलग है। अब इसमें असली पैसा शामिल है। एक स्टॉक सिम्युलेटर केवल इतना ही कर सकता है।

वास्तविक धन का उपयोग करने से आपकी व्यापारिक भावनाओं में आग लग सकती है! आप घबरा सकते हैं और किसी स्थिति से बहुत जल्दी बाहर निकल सकते हैं जब आपकी एक होल्डिंग गिरना शुरू हो जाती है ... फिर कुछ घंटों बाद जब वह आपके प्रारंभिक लक्ष्य पर वापस आ जाए तो खुद को शाप दें।

या आप लालच के कारण बहुत लंबे समय तक किसी पद पर बने रह सकते हैं - थोड़ा और निचोड़ने की उम्मीद में। और आप हर लाल झंडे को नज़रअंदाज़ कर देंगे। सभी व्यापारी इससे गुजरते हैं।

अपने शुरुआती नुकसान को अपने <u>मार्केट ट्यूशन के रूप में सोचें</u>। यह सब आपकी व्यापारिक शिक्षा का हिस्सा है।

#3 सफल व्यापारियों की आदतों का निरीक्षण करें

पहिया को फिर से शुरू करने की कोई आवश्यकता नहीं है। इसके बजाय, उन हज़ारों सफल व्यापारियों से सीखें जो आपसे पहले जा चुके हैं।

अनुभवी व्यापारियों से सीखना पहले से कहीं अधिक आसान है। आप StocksToTrade पर कुछ बेहतरीन पा सकते हैं। हमारे पास बहुत सारे मुफ्त या बिना लागत वाले संसाधन हैं। हमारे <u>YouTube चैनल की तरह</u>, मेरी <u>प्री-मार्केट तैयारी</u>, <u>SteadyTrade पॉडकास्ट,</u> और निश्चित रूप से <u>StocksToTrade ब्लॉग</u>।

शीर्ष व्यापारी मूल बातें सीखने में समय व्यतीत करते हैं। फिर वे लगातार <u>अधिक ज्ञान प्राप्त</u> करने और अधिक शोध करने के लिए काम करते हैं। वे रोजाना स्टॉक स्कैन करते हैं और बढ़ते रहते हैं।

सबसे महत्वपूर्ण बात, वे लक्ष्य निर्धारित करते हैं। वे अपनी प्रक्रिया, व्यापारिक मनोविज्ञान और प्रगति की छानबीन करते हैं। बेशक वे गलतियाँ करते हैं, लेकिन वे उनसे सीखते हैं और सुधार करते हैं।

सबसे अच्छे व्यापारी सक्रिय होते हैं, प्रतिक्रियाशील नहीं। वे परिणाम के बजाय महान बाजार के अवसरों को खोजने की प्रक्रिया पर ध्यान केंद्रित करते हैं, जैसे कि वे कितना पैसा कमा सकते हैं।

#4 अपने खाते की सुरक्षा के लिए स्टॉप लॉस सेट करें

"यह संभवतः और नीचे नहीं जा सकता ... ठीक है?"

उन शब्दों को याद रखें जब आप देखते हैं कि आपका पसंदीदा स्टॉक बिंदु दर बिंदु गिरता जा रहा है। कई समर्थन स्तरों के माध्यम से और सभी संकेतकों के खिलाफ, आप आशा पर टिके रहेंगे।

यदि आप किसी स्टॉक में भावनात्मक रूप से बहुत अधिक निवेशित हैं, तो बेचने का समय आने पर आपको ट्रिगर खींचना मुश्किल होगा।

<u>स्टॉप लॉस पहले से</u> सेट करना होगा । कोई बहाना नहीं।

बाजार आपकी मर्जी के आगे नहीं झुकेगा। यह कर सकता है - और अक्सर करेगा - ऐसी चीजें करें जिनकी आप अपेक्षा नहीं करते हैं। यह तर्क और आपके द्वारा सीखी गई हर चीज की अवहेलना कर सकता है। बाजार की यादृच्छिक प्रकृति को स्वीकार करें।

अपने व्यापार को संरक्षित करने के लिए अपने नुकसान को जल्दी से कम करें मनोविज्ञान

कुछ बाजार की लहरें इतनी मजबूत होती हैं कि उनके खिलाफ पैडल नहीं मार सकतीं। जब वे आएं तो प्रवाह के साथ चलना सीखें और अपने नुकसान को कम करें।

आप अपने स्टॉप लॉस को इतना चौड़ा रखना चाहते हैं कि एक छोटा सा डिप आपको पोजीशन से बाहर न निकाल दे। स्टॉप लॉस को भी काफी कड़ा होना चाहिए ताकि जब चीजें आपकी अपेक्षा के अनुरूप न हों तो आप तुरंत बेच दें।

उस संतुलन को खोजने के लिए समय निकालें। सावधानी के पक्ष में त्रुटि।

#5 अपने पसंदीदा पैटर्न चुनें और उनसे चिपके रहें

हर किसी ने <u>चार्ट पैटर्न को पसंद किया</u> है जो उनके लिए सबसे अच्छा काम करता है - सिर और कंधे, कप और हैंडल ...

पैटर्न की तलाश ट्रेडिंग मनोविज्ञान का एक बड़ा हिस्सा है। पैटर्न दोहराए जाते हैं, इसलिए पहचानने से आपको अपने व्यापार में मदद मिल सकती है।

लेकिन आपको यह खोजना होगा कि आपके लिए क्या काम करता है। अपने पसंदीदा में से दो से पांच चुनें । जब वे घटित हों तो पहचानने का अभ्यास करें। पुराने दिनों में, मैं बाइंडरों को चार्ट से भरा रखता था ताकि मैं जितनी बार जरूरत हो समीक्षा कर सकूं।

#6 समाचार उत्प्रेरकों को ठीक से पढ़ने का तरीका जानें

उत्प्रेरकों को भी ध्यान में नहीं रखते हैं तो आपके पास सबसे अच्छा तकनीकी विश्लेषण हो सकता है और फिर भी टूट सकता है।

अधिकांश लोग समाचार पढ़ते हैं और मानते हैं कि समाचार उत्प्रेरक होगा। लेकिन जब तक आप उस खबर को पढ़ते हैं, ऐसा ही हर दूसरे व्यापारी के साथ होता है। और वे पहले ही इस पर कार्रवाई कर चुके हैं।

इसके विपरीत करना एक बेहतर तरीका है। स्टॉक की जांच करने के लिए पहले स्टॉक स्क्रिनर का उपयोग करें। फिर स्टॉक के प्रदर्शन की व्याख्या करने के लिए एक समाचार घटना देखें।

एक ही उत्प्रेरक के कारण एक ही उद्योग के कई शेयर रैली कर सकते हैं ...

#7 व्यापार के लिए अपने सर्वश्रेष्ठ स्टॉक का पता लगाने के लिए स्टॉक स्क्रीनर का उपयोग करें

सबसे अच्छा स्टॉक चुनना कोई आसान काम नहीं है। वहाँ बहुत सारे हैं। दिन-प्रतिदिन अलग-अलग स्टॉक क्या कर रहे हैं, इस पर नज़र रखना मुश्किल है।

तो ... आप कैसे बेकार प्रतीत होने वाले डेटा के ढेर में उपयोगी जानकारी प्राप्त करते हैं?

एक वॉचलिस्ट आपको उन विशिष्ट शेयरों पर ध्यान केंद्रित करने में मदद कर सकती है जो आपकी आवश्यकताओं को पूरा करते हैं। (मेरी नो-कॉस्ट साप्ताहिक वॉचलिस्ट के लिए साइन अप करें यह देखने के लिए कि मैं इसे हर हफ्ते कैसे निपटता हूं।) आप जिस प्रकार के स्टॉक की निगरानी करना चाहते हैं, उसके लिए आप अपनी रणनीति के आधार पर अपनी आवश्यकताओं को निर्धारित कर सकते हैं।

- क्या आप स्मॉल-कैप या लार्ज-कैप स्टॉक खरीदना चाहते हैं?
- गर्म क्षेत्र में स्टॉक खरीदना चाहते हैं ?

स्टॉक स्क्रीनर्स हजारों शेयरों के माध्यम से फ़िल्टर कर सकते हैं ताकि आप उन कंपनियों को ढूंढ सकें जिन्हें आप व्यापार करना चाहते हैं। फिर आप उन पर ध्यान केंद्रित कर सकते हैं जो आपके मानदंडों को पूरा करते हैं।

स्टॉक स्क्रीनर्स शुरू करने के लिए एक शानदार जगह हैं, लेकिन वे आपको पूरी तस्वीर नहीं देते हैं। आपको यह देखने के लिए और अधिक शोध करने की आवश्यकता होगी कि क्या कंपनी-विशिष्ट मुद्दे जैसे श्रम समस्याएं या मुकदमे हैं। हालाँकि, StocksToTrade जैसे प्लेटफ़ॉर्म के साथ , आप एक ही स्थान पर शोध, स्कैन, चार्ट और बहुत कुछ कर सकते हैं।

ट्रेडिंग मनोविज्ञान की गलतियाँ और उनसे कैसे बचें

ट्रेडिंग मनोविज्ञान गलती # 1: अति आत्मविश्वास

हम ऐसे लोगों की ओर देखते हैं जो आत्मविश्वासी और अपने जीवन पर नियंत्रण रखते हैं। लेकिन ट्रेडिंग में ज्यादा आत्मविश्वास आपके अकाउंट को नुकसान पहुंचा सकता है।

मान लें कि आप एक व्यापार करते हैं। किसी न किसी वजह से यह आपके खिलाफ जाने लगता है। निश्चित रूप से बाजार अभी भ्रमित है, और जैसा आपने उम्मीद की थी, यह ठीक हो जाएगा?

यदि आप उस प्रकार के व्यक्ति हैं जो एक छोटे से नुकसान की संभावना को स्वीकार नहीं कर सकते हैं, तो यह आपके लिए बड़ा समय खर्च कर सकता है। यदि आप इस शिविर में हैं, तो व्यापार में प्रवेश करने के ठीक बाद अपना स्टॉप लगाना याद रखें। घाटे को कम करने के लिए इसे अपनी इच्छाशक्ति पर न छोड़ें।

ट्रेडिंग साइकोलॉजी गलती # 2: बहुत ज्यादा होपियम पीना

कुछ लोगों को विवरण पसंद नहीं है। वे प्रेरणा पर चलते हैं। वे योजना नहीं बनाते हैं। यह आपके ट्रेडिंग खाते के लिए खतरनाक हो सकता है।

यदि आप केवल प्रचार के आधार पर स्टॉक में आते हैं, तो आपको नहीं पता होगा कि आप इसमें क्यों हैं या कब बाहर निकलना है। जो कुछ भी होने लायक है, उसके लिए थोड़ा सा जमीनी काम करना होगा। सुनिश्चित करें कि यदि आप किसी की "हॉट" टिप का पालन करते हैं, तो आप अपना उचित परिश्रम भी करते हैं। और हमेशा एक ट्रेडिंग प्लान रखें।

ट्रेडिंग मनोविज्ञान गलती #3: पूर्णता की अपेक्षा

अपने आप को अपने ट्रेडों से अलग करना कठिन है। लेकिन जब बाजार की बात आती है, तो आप कभी भी पूर्ण नियंत्रण में नहीं होते हैं।

हारने या बड़ी हार के बाद अपने आत्मविश्वास को बनाए रखना कठिन हो सकता है। हारना कभी आसान नहीं होता, लेकिन यह खेल का एक निश्चित हिस्सा है।

सर्वश्रेष्ठ व्यापारी स्वीकार करते हैं कि हारना अपरिहार्य है। वे निराशाओं से पीछे हटते हैं। यदि आप अपने नुकसान को कम रखते हैं तो आप ट्रेडों को खो सकते हैं और फिर भी एक लाभदायक व्यापारी बन सकते हैं।

ट्रेडिंग मनोविज्ञान गलती #4: सही होने की आवश्यकता

एक महान व्यापारी एक महान छात्र है। आपको आजीवन सीखने वाला होना चाहिए। व्यापार में दशकों के बाद भी, मैं अभी भी व्यापार पर जितनी किताबें पढ़ सकता हूं उतनी किताबें पढ़ता हूं।

कुछ लोग व्यापार में लग जाते हैं क्योंकि वे बॉस को जवाब नहीं देना चाहते हैं। वे स्वतंत्रता और स्वतंत्रता चाहते हैं। मैं समझ गया। और ट्रेडिंग आपको वह दे सकती है। लेकिन यह आपको नम्र भी करेगा।

अन्य व्यापारियों, शिक्षकों, पुस्तकों से, वीडियो से और स्वयं बाज़ार से सीखने के लिए तैयार रहें। यदि आपको एक पैटर्न से दूसरे पैटर्न में अधिक सफलता मिलती है, तो बाजार को दोष न दें। जो आपके लिए सबसे अच्छा काम करता है उस पर ध्यान दें!

ट्रेडिंग मनोविज्ञान गलती #5: विश्लेषण पक्षाघात

बाजारों का अध्ययन करना और व्यापार योजना बनाना महत्वपूर्ण है। लेकिन आपको जोखिम लेने और लचीला होने, जीत या हारने की भी जरूरत है।

कुछ लोगों को नई चीजें शुरू करने का डर होता है। लेकिन आप गेट के ठीक बाहर विशेषज्ञ नहीं हो सकते। बाजार को महसूस करने में वर्षों का अभ्यास लगता है ... और फिर भी, सीखने के लिए और भी बहुत कुछ है।

किसी बिंदु पर, आपको पूल में कूदना होगा। यदि आप कभी वास्तविक जोखिम नहीं उठाते हैं तो आप अपनी मानसिकता में सुधार नहीं कर सकते । आप छोटी मात्रा में पूंजी को जोखिम में डालकर शुरू कर सकते हैं और करना चाहिए, लेकिन आपको छलांग लगानी होगी।

व्यापार मनोविज्ञान व्यायाम में सुधार करने के लिए

1 अपना दिमाग साफ़ करें

व्यापार में, आपको तेजी से बढ़ते बाजार में बहुत सारे डेटा पर ध्यान केंद्रित करने में सक्षम होना चाहिए। आप अन्य चीजों को आपको विचलित करने की अनुमति नहीं दे सकते।

अपने दिन की शुरुआत ध्यान से करें, टहलने जाएं या जिम जाएं। मन शरीर का अनुसरण करता है। जब आप शारीरिक रूप से जो कर रहे हैं उसे बदलते हैं, तो आपका दिमाग रीसेट हो जाएगा।

#2 अपने ट्रेडों की कल्पना करें

कभी-कभी एड्रेनालाईन बहुत अधिक होता है। खासकर जब आप ट्रेडिंग में नए हों। एक बार आपकी गाढ़ी कमाई लाइन में लगने के बाद आप अभिभूत हो सकते हैं। आप इसके लिए तैयारी करना चाहते हैं।

एथलीट खेलने से पहले अभ्यास करते हैं, और आपको भी ऐसा ही करना चाहिए। विभिन्न परिदृश्यों में खुद की कल्पना करने के लिए समय निकालें। तुम जीतते हो, तुम हारते हो, तुम टूटते भी हो। देखें कि जब आप ऐसा करते हैं तो आपके शरीर क्रिया विज्ञान का क्या होता है।

क्या आपका दिल तेजी से धड़कता है? क्या आप फ्रीज करते हैं? यह जानना अच्छा है कि आप तनाव में कैसे प्रतिक्रिया दे सकते हैं। इस तरह तनाव आने पर आपके शरीर की प्राकृतिक प्रतिक्रियाएं आपको आश्चर्यचकित नहीं करेंगी।

#3 जानें कि आप व्यापार क्यों करते हैं

यदि आप नहीं जानते कि आप व्यापार क्यों करना चाहते हैं, तो चीजें कठिन होने पर प्रेरित रहना मुश्किल होगा। क्या आप अतिरिक्त आय चाहते हैं? 9-से-5 पीस से मुक्ति? अपने छात्र ऋण का भुगतान करने के लिए? एक घोंसला अंडा बनाएँ?

आप अपनी प्रेरणा के बारे में जितने स्पष्ट होंगे, आपके अपने तरीके से आने की संभावना उतनी ही कम होगी। बाहरी लक्ष्य रखना काम पर बने रहने का एक शानदार तरीका है... जब तक आप खुद पर बहुत अधिक दबाव नहीं डालते।

#4 अपने ट्रेडों को वास्तविक बनाएं

ट्रेडिंग क्रेडिट कार्ड से सामान खरीदने जैसा महसूस हो सकता है। आप कभी भी अपने हाथ में नकदी नहीं रखते हैं, इसलिए लेन-देन वास्तविक नहीं लगता है। यह सिर्फ डिजिटल शोर का एक गुच्छा है, है ना?

नहीं अगर आप अपने लक्ष्य तक पहुंचना चाहते हैं! अपने आप को याद दिलाने के कई तरीके हैं कि यह असली पैसा है। कुछ व्यापारी व्यापार करते समय अपने डेस्क पर असली डॉलर के बिल डालते हैं। यह एक अच्छा दृश्य संकेत है।

अन्य व्यापारी अपनी जीत को अपने चेकिंग या बचत खातों में स्थानांतरित करते हैं। यह इसे तनख्वाह की तरह महसूस कराता है। एक रणनीति खोजें जो आपके लिए काम करे!

#5 एक जर्नल रखें

मैंने इसे पहले कहा है, और मैं इसे फिर से कहूंगा। अपने आंतरिक और बाहरी खेल पर नज़र रखने का यह सबसे अच्छा तरीका है। कुछ लोग लिखना पसंद करते हैं, कुछ लोग टाइप करना पसंद करते हैं। आप जो कुछ भी करते हैं, सुनिश्चित करें कि आप अपने ट्रेडों को ट्रैक कर रहे हैं।

आप अपने फोन पर ऑडियो या वीडियो रिकॉर्ड भी कर सकते हैं। ट्रेडों के समय आपके जीवन में और आपके दिमाग में क्या चल रहा था, इस बारे में बात करें।

अपने आप को उस तरह से व्यक्त करें जैसे आप किसी मित्र से बात करेंगे। " आह!" पल आपको चौंका देंगे।

ट्रेडिंग मनोविज्ञान पर शीर्ष 3 पुस्तकें

मार्क डगलस द्वारा #1 " ट्रेडिंग इन द जोन "

डगलस पाठकों को संभाव्य सोच विकसित करने के लिए प्रोत्साहित करता है - विभिन्न संभावनाओं और परिणामों को देखते हुए। इससे व्यापारियों को फुर्तीला रहने और बाजार की स्थितियों के अनुकूल होने में मदद मिलती है।

वह व्यापारियों द्वारा उनके सर्वोत्तम इरादों को तोड़फोड़ करने के तरीकों में भी गहराई से गोता लगाता है। और वह व्यापारियों को नुकसान के डर को सफल मानसिकता में बदलने के लिए ठोस तरीके प्रदान करता है ।

#2 एडविन लेफ़ेवर द्वारा " एक स्टॉक ऑपरेटर की यादें "

यह किताब पुरानी है लेकिन अच्छी है। 1923 में प्रकाशित, इसके पाठ अभी भी प्रासंगिक हैं।

यह पुस्तक, जो 20वीं शताब्दी की शुरुआत में व्यापारिक अग्रणी जेसी लिवरमोर के करियर का वर्णन करती है, खुदरा और संस्थागत व्यापारियों के बीच समान रूप से लोकप्रिय है।

अंतर्दृष्टि कालातीत, संपूर्ण और आकर्षक हैं। इस पुस्तक में व्यापारिक कैरियर के प्रत्येक चरण के लिए ज्ञान है।

#3 जैक डी श्वागर द्वारा " द न्यू मार्केट विजार्ड्स "

यह पुस्तक शीर्ष व्यापारियों के साथ साक्षात्कार की एक श्रृंखला का हिस्सा है। आप उनकी रणनीतियों, व्यक्तिगत बाधाओं और उन्हें दूर करने के लिए क्या करना पड़ा, इसके बारे में सब कुछ सुनेंगे।

इन किताबों में हर तरह के व्यापारी के लिए कुछ न कुछ है। और आप सभी ज्ञान को सोखने के लिए, उन्हें बार-बार पढ़ना चाहेंगे।

मैट, जैक और काइल ने TWIST पॉडकास्ट के एक एपिसोड में पुस्तक का संदर्भ दिया। इसमें से एक रणनीति ने जैक को ओटीसी खरपतवार शेयरों में उच्च पुरस्कार प्राप्त करने में मदद की।

एसटीटी सुविधाओं का उपयोग करने के लाभ

StocksToTrade उन सभी विभिन्न वेबसाइटों, ऐप्स और सॉफ़्टवेयर को एक साथ लाता है जिनका उपयोग आप स्टॉक को व्यापार करने के लिए करते हैं और सब कुछ एक ही स्थान पर रखते हैं।

संभावित ट्रेडों को खोजने के लिए एक दर्जन विभिन्न प्रणालियों को एक साथ जोड़ने की कोशिश नहीं कर रहा है।

StocksToTrade व्यापारियों के लिए, व्यापारियों द्वारा बनाया गया था। यह कुछ शोध को स्वचालित करने में मदद करता है ताकि आप व्यापार पर अधिक ध्यान केंद्रित कर सकें। आप जल्दी से पता लगा सकते हैं कि कौन से स्टॉक गर्म हैं।

एक मंच पर, आप अपनी सभी वॉचलिस्ट तक पहुंच सकते हैं और सभी प्रमुख अमेरिकी बाजारों, साथ ही ओटीसी पर स्टॉक देख सकते हैं। फिर नई ऊंचाइयों और चढ़ावों, शीर्ष प्रतिशत प्राप्तकर्ताओं और हारने वालों, और बहुत कुछ के लिए त्वरित पहुंच है।

सिर्फ $7 में अपना 14-दिवसीय परीक्षण अभी शुरू करें!

ट्रेडिंग के लिए सही मानसिकता

आपकी मानसिकता आपकी ट्रेडिंग की सफलता में बहुत बड़ा बदलाव ला सकती है।

मान लें कि आप लगातार 10 जीतने वाले ट्रेड करते हैं। जब ऐसा होता है तो आप दुनिया के शीर्ष पर महसूस करते हैं, है ना? लेकिन बुरी लकीरें भी हो सकती हैं। और वे आपको आपके ज्ञान और विधियों पर संदेह कर सकते हैं - तब भी जब आप जानते हैं कि उन्होंने पहले काम किया है।

जब चीजें आपके रास्ते में आती हैं तो अति आत्मविश्वास होना आसान होता है और जब बाजार आपके खिलाफ हो जाता है तो डरना आसान होता है। अपने स्तर को बनाए रखने के लिए अपनी व्यापारी मानसिकता को याद रखें। सकारात्मक, फिर भी तटस्थ, दृष्टिकोण के साथ बाजार में आने का प्रयास करें।

कोई दूसरा अनुमान नहीं

यदि आप वर्षों से व्यापार कर रहे हैं, तो आपको शायद इस बात का अच्छा अंदाजा है कि क्या काम करता है और क्या नहीं। यहां तक कि अगर आप ट्रेडिंग में नए हैं, तो आपके पास पेपर ट्रेडिंग से बुनियादी कौशल और ज्ञान होने की संभावना है।

खुद दूसरा अनुमान न लगाएं। उन नियमों पर टिके रहें जो आपने अपने लिए निर्धारित किए हैं और जो ट्रेड आपके लिए कारगर साबित हुए हैं।

खराब ट्रेडों के बारे में कोई पछतावा नहीं

एक संपूर्ण ट्रेडिंग रिकॉर्ड जैसी कोई चीज नहीं होती है। गलतियाँ होती हैं। कभी-कभी चीजें आपके हिसाब से नहीं चलतीं। कुंजी यह पहचानना है कि आप कब गलत हैं और उससे सीखें।

हर नुकसान को असफलता के रूप में न देखें - इसे सीखने के अवसर के रूप में देखें।

कोई सही व्यापार नहीं है

कोई भी 100% बार नहीं जीतता। जान लें कि जब आप किसी ट्रेड से बाहर निकलते हैं तो आप आमतौर पर टेबल पर कुछ पैसे छोड़ देंगे।

कुछ सफलता के साथ किसी स्थिति से बाहर निकलने से बेहतर है कि कुछ और पाने की कोशिश में नुकसान का जोखिम उठाया जाए। स्वीकार करें कि <u>आप कभी भी पूर्ण नहीं होंगे</u> और आप लंबे समय में बहुत समय और पैसा बचा सकते हैं।

हमेशा के लिए सीखने के लिए प्रतिबद्ध

सफल लोगों में एक समान गुण होता है: आजीवन सीखने की प्रतिबद्धता।

शेयर बाजार लगातार विकसित होता है और बदलता रहता है। इसलिए आपको भी बदलना होगा और विकसित होना होगा। गले लगाओ कि कौन सी तकनीक पेश करनी है - नए उपकरण, स्क्रीनर, संकेतक, और बहुत कुछ। अपने कौशल और बढ़त को बढ़ाने के लिए उपलब्ध हर चीज का उपयोग करें।

ट्रेडिंग मनोविज्ञान निष्कर्ष

मनोविज्ञान ट्रेडिंग स्टॉक का एक बड़ा हिस्सा है। आप अपने मानसिक और भावनात्मक पैटर्न को जितना बेहतर समझेंगे, आपके करने की संभावना उतनी ही बेहतर होगी।

व्यापार से पहले अपने नियम निर्धारित करें। अपने प्रवेश और निकास की योजना बनाएं। योजना पर टिके रहिये।

और अभ्यास करना याद रखें। पेपर ट्रेडिंग आपको यह जानकारी दे सकती है कि जोखिम के बिना आप वास्तविक व्यापार में कैसे प्रतिक्रिया देंगे। देखें कि अन्य सफल व्यापारी क्या करते हैं। समाचार उत्प्रेरक पढ़ना सीखें। और (हमेशा!) अपने बॉटम लाइन की सुरक्षा के लिए स्टॉप लॉस का बुद्धिमानी से उपयोग करें।

मेरा एक सवाल है कि आप सभी के लिए , यहां आप देखते हैं कि 2 लाइनें हैं। बस एक छोटे से सवाल का जवाब दें कि आपको कौन सी लाइन बड़ी लगती है। आप कहेंगे, महोदय, क्या यह पूछने की बात है? नीचे की रेखा बड़ी है और यह बड़ी है, आपके दिमाग ने कहा, यह अभी भी बड़ा दिखता है। लेकिन मैं इसे सिर्फ इसलिए साबित करूंगा क्योंकि मैंने आप लोगों के लिए रेखा खींची थी ताकि मैं आपको दिखा सकूं कि ये रेखाएं क्या हैं, यह वही है।

मैं आपको बता दूं कि उनकी लंबाई एक जैसी है, ये देखिए, उनकी लंबाई एक जैसी थी। लेकिन आपने क्यों सोचा कि नीचे की रेखा बड़ी है, आज आप मानव मनोविज्ञान सीखने जा रहे हैं? और यह मानव मनोविज्ञान आपके जीवन में और शेयर बाजार में भी उपयोगी होगा और आपको पता चल जाएगा कि लोग गलतियाँ क्यों करते हैं तो इस घटना को मेंटल ह्यूरिस्टिक्स कहा जाता है। अब, यह मानसिक अनुमानी अधिकांश समय आपके लिए अच्छा नहीं है क्योंकि इसका मतलब है कि आपका दिमाग सूचनाओं को संसाधित करने में अधिक समय नहीं लगाना चाहता है।

यह एक बार नहीं देखता है, लेकिन यह तुरंत न्याय करता है, जैसा कि मैंने कहा था कि आपके दिमाग से कौन सी रेखा बड़ी है, ऐसी रेखाएं नहीं खींची हैं कि आपको लगता है कि ऐसी रेखाएं भी बराबर हो सकती हैं लेकिन यह सिर्फ एक बार और ऊपर से देखकर निर्णय लेती है वह नीचे की रेखा बड़ी है और अब ये लोग अपने लिए शेयर बाजार में प्रतिकूल उपयोग कैसे करते हैं, मैं आपको बताऊंगा कि जब हमारा दिमाग सूचनाओं को संसाधित नहीं करना चाहता। लोग कंपनी की वित्तीय स्थिति नहीं देखते हैं और उन्होंने बैलेंस शीट भी नहीं देखी है और वे कंपनी के पिछले प्रदर्शन का न्याय भी नहीं करते हैं, उन्होंने देखा कि यह स्टॉक अच्छा लग रहा है और उन्होंने एक बार फैसला किया और हम चुनते हैं गलत स्टॉक और फिर हम नुकसान का सामना करते हैं और हम तकनीकी विश्लेषण के लिए समय नहीं निकालते हैं क्योंकि उस जानकारी को दिमाग में संसाधित करना पड़ता है और यह दिमाग के लिए एक थकाऊ प्रक्रिया है।

और क्योंकि आप दिमाग नहीं लगाएंगे और आप समय का निवेश नहीं करेंगे और आपकी शर्त है कि आपकी गलती नहीं है, आपका दिमाग शर्त है कि वह समय नहीं देना चाहता है, लेकिन आप जानते हैं कि अगर हम गलती कर सकते हैं तो हम नहीं करते हैं। आपको वह गलती नहीं करनी है और यहाँ से हम अगली घटना पर आते हैं और जिसे हम सनक कॉस्ट फॉलसी कहते हैं, अब इसका क्या मतलब है, अब मैं आपको एक उदाहरण देता हूं कि पहले, आप अपने लिए सोचते हैं कि आप कहीं 200 किमी जा रहे हैं अपने घर से दूर और रास्ते में आपको भूख लगती है और आप गाड़ी चला रहे हैं। अब आपको भूख लगती है

और आप ड्राइव करते हैं और आप एक टेकअवे रेस्तरां में रुकते हैं और उदाहरण के लिए आप मैकडॉनल्ड्स में रुकते हैं और वहां आप अपना पसंदीदा बर्गर ऑर्डर करते हैं और आप कहते हैं कि आप खाना बनाते हैं और आप उसमें फ्रेंच फ्राइज़ डालते हैं और कोक भी डालते हैं और आपको अपना मिलता है वहाँ भोजन करते हैं और आप अपना भोजन लेते हैं और आप इसे कार में डालते हैं और आप गाड़ी चला रहे होते हैं और जब आप गाड़ी चला रहे होते हैं तो आप कोक उठाते हैं और आप इसे पीते हैं और आपको लगता है कि इसमें कोई फ़िज़ नहीं है और ऐसा महसूस हो रहा है कि यह है पानी, पानी में सिर्फ चीनी मिली हुई है और बस, आपको मुर्गा का स्वाद नहीं मिल रहा है और फिर आप फ्रेंच फ्राइज़ में हाथ डालते हैं और आपको लगता है कि वे सूख गए हैं और वे बिल्कुल भी क्रिस्पी नहीं हैं तो आप सोचते हैं कि बर्गर ठीक रहेगा।

और आप बर्गर उठाते हैं और जब आप बर्गर उठाते हैं तो आपको लगता है कि ऐसा लग रहा है कि यह अभी रखा गया है तो आपको इतना मज़ा नहीं आया, आपको इतना स्वाद और इतना कुरकुरापन नहीं मिला और अब आप क्या करेंगे , मेरा सवाल यह है कि तुम क्या करोगे। आपने ₹500 दिए हैं, आप कोक पी सकते हैं, और आप फ्रेंच फ्राइज़ भी खा सकते हैं लेकिन यह क्रिस्पी नहीं है और आपने एक बर्गर लिया है और यह ज्यादा अच्छा नहीं है लेकिन फिर भी आप खा सकते हैं, क्या करें। ज्यादातर लोग इसे नहीं फेंकेंगे, और वे उस भोजन को फेंक नहीं देंगे और वे कहेंगे कि हमारे पास ₹500 हैं और हम इसे खाएंगे और क्योंकि लोग खाते हैं तो उन्हें लगता है कि पैसा अब चला गया है और पैसा डूब गया है और अब क्या करना है , अब हम इसे नहीं फेंकेंगे, हम इसका उपयोग करेंगे और एक और उदाहरण लेंगे कि आप एक मूवी थिएटर में जाते हैं और वह आपकी पसंदीदा फिल्म नहीं है और आप अपने परिवार के साथ अंदर बैठते हैं और आपने सभी को टिकट ले लिया है, अब फिल्म देखते समय तुम कहते हो क्या घटिया फिल्म है, कहानी नहीं, मस्ती नहीं, बिल्कुल बोरिंग, तुम क्या करोगे, क्या तुम वहां से बीच में आ जाओगे और तुम कहोगे कि हम नहीं आएंगे और हम नहीं आएंगे क्योंकि तुम्हारे दिमाग में एक संकेत है कि आपने अपना पैसा खर्च कर दिया और आपका दिमाग कह रहा है कि आपने पैसा खर्च किया है तो हमने भी 3 घंटे एसी की हवा ली, लेकिन हम वहां बैठेंगे और अगर आप उसके बाद भी गालियां देते हैं तो यह कितनी घटिया फिल्म थी। लेकिन फिर भी बीच में नहीं छोड़ेंगे।

पैसा डूब गया है लेकिन फिर भी, आप लोग इसमें लगे हुए हैं और शेयर बाजार में यही होता है। हम उन कंपनियों के शेयर खरीदते हैं जिनसे हमें नुकसान हो रहा है लेकिन अगर हमें नुकसान हो रहा है तो हम अधिक सहन करते हैं क्योंकि मैं आपको इसका एक उदाहरण देता हूं और आप समझ जाएंगे कि आपका नुकसान हो रहा है और शेयरों में आपको लाभ नहीं है ।

उसके लिए रुकें और आप लाभ की प्रतीक्षा न करें और आपको लाभ मिले और आपने लाभ बुक किया और आपने बेचा कि यदि यह गिर जाएगा, तो हमने ₹100 पर शेयर खरीदा

और यह ₹120 का हो गया और हमें लाभ हुआ और हमने लाभ बुक किया क्योंकि फिर से ₹110 पर आते हैं तो नुकसान हो सकता है । इसलिए हमने यहां प्रॉफिट बुक किया लेकिन जब वहां नुकसान हो रहा है तो हम नुकसान का इंतजार करते हैं क्योंकि हमने पैसा लगाया है, इसलिए आप इंतजार करें और आप उसके बीच में कार्रवाई न करें, बस जैसे आप फिल्म के बीच में नहीं आए तो जब तक शेयर नहीं बढ़ेगा, तब तक है । लेकिन आपने यह नहीं सोचा था कि लाभ के समय और फिर से आप इस मानव मनोविज्ञान का उपयोग अपने लिए उलटे तरीके से कर रहे हैं, लेकिन यदि आप कर सकते हैं इसे समझें तो आप इसे अपने पक्ष में भी इस्तेमाल कर सकते हैं ।

और तीसरी घटना यह है कि नुकसान से बचना पर, अब हानि से बचने का क्या अर्थ है कि हम इंसान, चाहे कुछ भी हो जाए, लेकिन हम नुकसान बर्दाश्त नहीं कर सकते, और हमें नुकसान में दर्द होता है और हमें लाभ में सुख मिलता है और हम लाभ से खुश होते हैं । लेकिन मैं बता दूं आप कि लाभ पर 1X सुख मिलता है तो हानि पर 3X दर्द होता है, और आप मुझे कमेंट्स में बता सकते हैं कि ऐसा होता है या नहीं, यह जरूर होता है। जब नुकसान होता है तो दिमाग के लिए यह बहुत बुरा होता है कि मुझे नुकसान होता है और इस नुकसान से बचाव के लिए लोग क्या करते हैं, मैं आपको बताता हूं कि लोग क्या करते हैं ।

मान लीजिए आपने ₹100 में एक शेयर खरीदा और अब यह घट गया और यह ₹95 हो जाता है, और मान लीजिए कोई नुकसान होता है और अब मान लीजिए आपने इसकी ₹1000 की मात्रा खरीदी, तो यहां आपने एक लाख का निवेश किया और यह ₹95000 हो गया, तो ₹5000 का नुकसान हुआ और लोग क्या कहेंगे कि वे सोचते हैं मन में है कि ₹5000 का नुकसान हुआ है और हमें इसे रोकना है तो हमारे पास अधिक पैसा है फिर हम ₹95000 में 1000 शेयर खरीदते हैं, तो हमारा औसत बढ़ेगा और इसका मतलब है कि औसत ₹100 का नहीं होगा और यह 97.5 का आएगा, और आपका जो भी एवरेज आएगा वह एवरेज निकल जाएगा। इसका मतलब है कि अगर स्टॉक 98 तक पहुंच जाता है, तब भी हम लाभ कमाएंगे।

अब ऐसा नहीं होगा, अब मान लीजिए कि यह यहाँ से 90 हो गया, फिर भी अगर हमारे पास और पैसा है तो भी हमने अपने औसत से अधिक खरीदा है और यह 95 के आसपास आता है या 96 आता है, फिर भी अगर यह 95 के लिए आता है 96 में से मैं घाटा नहीं लिखूंगा, लेकिन लाभ के साथ बाहर आऊंगा और जिस हिस्से में तुम खो रहे थे, तुम उसमें पैसा लगाते रहे और तुम उसमें पैसा लगाते रहे और तुम वह नहीं करते जो तुम्हें मिलता है जो लाभ मैंने इसे ₹100 पर खरीदा और यह ₹120 का हो गया, अब मैं इसे नहीं खरीदूंगा, यह बहुत बढ़ गया है। लेकिन जब यह डूब रहा होता है, तब पैसा लगातार खर्च किया जाता था, और इसे नुकसान से बचना कहा जाता है।

अब केवल शेयर बाजार में, लेकिन आप इन घटनाओं को अपने दैनिक जीवन में देख सकते हैं और आप इसे करते हैं लेकिन अब यदि आप मानव मनोविज्ञान के सिद्धांतों को

समझते हैं, तो शायद आप अपने नुकसान को आगे बुक नहीं करेंगे और आप इसके बारे में और भी बहुत कुछ सीखना चाहते हैं। मानव मनोविज्ञान क्योंकि मैंने इस पर अपनी पढ़ाई की है इसलिए में आपको इसके बारे में और अधिक सिखा सकता हूं और यदि आप सीखना चाहते हैं तो आपको टिप्पणी करनी चाहिए कि आप मानव मनोविज्ञान के बारे में अधिक जानना चाहते हैं और अगर आपको यह वीडियो पसंद आया तो इसे लाइक करें और शेयर करें ताकि यह अद्भुत जानकारी अधिक से अधिक लोगों तक पहुंच सके। और अंत में, अगर आप फेसबुक पर देख रहे हैं तो फॉलो करें और अगर आप यूट्यूब पर देख रहे हैं तो आप सब्सक्राइब कर सकते हैं और बेल आइकन पर क्लिक कर सकते हैं।

भावनात्मक निवेश से कैसे बचें

वित्तीय बाजारों के बदलते ज्वार को नेविगेट करने के लिए एक पोर्टफोलियो की सक्रिय निगरानी महत्वपूर्ण है। फिर भी, व्यक्तिगत निवेशकों के लिए भावनात्मक खरीद और बिक्री के व्यवहारिक आवेगों का प्रबंधन करना भी आवश्यक है जो बाजार के उतार-चढ़ाव का अनुसरण करने से आ सकते हैं। वास्तव में, निवेशकों को बाजार के शीर्ष पर निवेश करने और नीचे से बेचने के लिए एक आदत लगती है क्योंकि मीडिया के प्रचार या डर में फंसना, चरम पर निवेश खरीदना और चक्र की घाटियों के दौरान बिक्री करना असामान्य नहीं है।

निवेशक सभी प्रकार के बाजार परिवेशों के माध्यम से सर्वोत्तम समग्र रिटर्न के लिए एक समान उलटना रखते हुए और एक पोर्टफोलियो को विविध रखते हुए अस्थिर बाजारों में कैसे नेविगेट कर सकते हैं? भावनात्मक निवेश के पीछे की मंशा को समझना और उत्साहपूर्ण और अवसादग्रस्त निवेश जाल से बचने के लिए महत्वपूर्ण है जो खराब निर्णय लेने का कारण बन सकता है।

चाबी छीन लेना

- भावना (लालच या भय) पर आधारित निवेश मुख्य कारण है कि इतने सारे लोग बाजार के शीर्ष पर खरीद रहे हैं और बाजार के नीचे बेच रहे हैं।
- निवेश से जुड़े जोखिमों को कम आंकना एक कारण है कि निवेशक कभी-कभी भावनाओं के आधार पर उप-निर्णय लेते हैं।
- बाजार में उतार-चढ़ाव और बढ़ती ब्याज दरों की अवधि के दौरान, निवेशक अक्सर जोखिम वाले शेयरों से और कम जोखिम वाली ब्याज दर प्रतिभूतियों के लिए धन स्थानांतरित करते हैं।
- डॉलर-लागत औसत और विविधीकरण दो दृष्टिकोण हैं जो निवेशक लगातार निर्णय लेने के लिए लागू कर सकते हैं जो भावनाओं से प्रेरित नहीं होते हैं।

* अल्पकालिक अस्थिरता के माध्यम से पाठ्यक्रम में बने रहना अक्सर एक निवेशक के रूप में लंबी अवधि की सफलता की कुंजी है।

निवेशक व्यवहार

निवेशक व्यवहार कई अध्ययनों का केंद्र बिंदु रहा है और कई सिद्धांत उस अफसोस या अति प्रतिक्रिया को समझाने का प्रयास करते हैं जो खरीदार और विक्रेता अक्सर पैसे की बात करते समय अनुभव करते हैं। वास्तविकता यह है कि तनाव के समय में निवेशक का मानस तर्कसंगत सोच पर हावी हो सकता है, चाहे वह तनाव उत्साह या घबराहट का परिणाम हो। निवेश के लिए एक तर्कसंगत और यथार्थवादी दृष्टिकोण अपनाना - जो कि उत्साह या भयभीत बाजार के विकास को भुनाने के लिए एक छोटी समय सीमा की तरह लगता है - आवश्यक है।

गैर-पेशेवर निवेशक आमतौर पर रिटर्न प्राप्त करने के लिए निवेश में कड़ी मेहनत की नकदी डाल रहा है। फिर भी, वे देखते हैं कि कई बार बाजार के विकास के कारण उनके निवेश का मूल्य कम हो जाता है। नुकसान तनाव और दूसरे अनुमान का कारण बन सकता है। यही है, कई निवेशकों के पास निवेश करने के लिए अपेक्षाकृत कम जोखिम सहनशीलता होती है क्योंकि पैसा खोना दर्दनाक होता है।

"मुझे लगता है कि बहुत से लोग अपनी आय की तुलना अपनी आय से करते हैं, या वे सोचते हैं कि सोशल मीडिया, इन दिनों लोगों पर यह दिखाने के लिए दबाव डालता है कि वे उनसे बेहतर कर रहे हैं। और उसके कारण, लोग बुरा लग रहा है," एमी मोरिन ने कहा, वेरीवेल माइंड के प्रधान संपादक।

लेकिन जोखिम को निवेश और निवेशक व्यवहार के लिए एक मार्गदर्शक के रूप में देखा जा सकता है । जो निवेशक निवेश में शामिल जोखिमों की आधार स्तर की समझ के साथ निवेश करते हैं, वे निवेश से जुड़ी भावनाओं का एक बड़ा सौदा कम कर सकते हैं। दूसरे शब्दों में, भावनात्मक निवेश के कारण चुनौतियाँ तब उत्पन्न हो सकती हैं जब निवेशकों को मूल रूप से निर्धारित की तुलना में अज्ञात या उच्च हिस्सेदारी जोखिम दिखाई देता है।

बुल बनाम भालू बाजार

बुल मार्केट ऐसे समय होते हैं जब बाजार लगातार और कभी-कभी अंधाधुंध रूप से ऊपर चढ़ते हैं। जब बुल रेज और निवेशक भावना सामान्य उत्साह में से एक बन जाती है, तो निवेशक बाजार के अवसरों को देख सकते हैं या दूसरों से निवेश के बारे में जान सकते हैं - जैसे कि समाचार, मित्र, सहकर्मी, या परिवार - जो उन्हें नए पानी का परीक्षण करने के लिए मजबूर कर सकते हैं। उत्साह निवेशक को तेजी से बाजार की स्थितियों के कारण उभर रहे

निवेशों से लाभ प्राप्त करने का प्रयास करने के लिए प्रेरित कर सकता है।

इसी तरह, जब निवेशक खराब अर्थव्यवस्था के बारे में कहानियां पढ़ते हैं या अस्थिर या नकारात्मक बाजार अवधि के बारे में रिपोर्ट सुनते हैं, तो उनके निवेश के लिए डर बिक्री को बढ़ावा दे सकता है। भालू बाजार हमेशा कोने में दुबके रहते हैं और अपने स्वयं के कई चेतावनी के साथ आते हैं जो निवेशकों के लिए पालन करने और समझने के लिए महत्वपूर्ण हो सकते हैं। एक बैल बाजार के विपरीत, कभी-कभी वित्तीय बाजार कई महीनों या वर्षों तक कम चल सकते हैं।

अक्सर भालू बाजार बढ़ती ब्याज दरों के माहौल से विकसित होते हैं जो जोखिम-बंद व्यापार और स्टॉक जैसे जोखिम वाले निवेश से कम जोखिम वाले बचत उत्पादों में संक्रमण को प्रेरित कर सकते हैं। भालू बाजारों को नेविगेट करना मुश्किल हो सकता है जब निवेशक देखते हैं कि उनकी इक्विटी होल्डिंग्स का मूल्य कम हो जाता है, जबकि सुरक्षित पनाहगाह उनके बढ़ते रिटर्न के कारण अधिक आकर्षक हो जाते हैं। इन समय के दौरान, बाजार के निचले स्तर पर इक्विटी खरीदने या नकद और ब्याज वाले उत्पादों में खरीदने के बीच चयन करना कठिन हो सकता है।

बुरा समय

भावनात्मक निवेश अक्सर खराब बाजार समय में एक अभ्यास होता है। मीडिया का अनुसरण करना यह पता लगाने का एक अच्छा तरीका हो सकता है कि बैल या भालू बाजार कब विकसित हो रहे हैं क्योंकि दैनिक शेयर बाजार की रिपोर्ट दिन के दौरान होने वाली गतिविधि को खिलाती है, जो कई बार निवेशकों के लिए चर्चा का विषय बन सकती है। हालाँकि, मीडिया रिपोर्ट पुरानी , अल्पकालिक, या यहां तक कि गैर- संवेदनात्मक और अफवाहों पर आधारित भी हो सकती हैं ।

दिन के अंत में, व्यक्तिगत निवेशक अपने स्वयं के व्यापार निर्णयों के लिए जवाबदेह होते हैं और इसलिए नवीनतम सुर्खियों के आधार पर बाजार के अवसरों की तलाश करते समय सतर्क रहना चाहिए। एक विकास चक्र में निवेश कब हो सकता है, यह समझने के लिए तर्कसंगत और यथार्थवादी सोच का उपयोग करना दिलचस्प अवसरों का मूल्यांकन करने और खराब निवेश विचारों का विरोध करने की कुंजी है। ताजा ब्रेकिंग न्यूज पर प्रतिक्रिया शायद इस बात का संकेत है कि फैसले तर्कसंगत सोच के बजाय भावनाओं से प्रेरित होते हैं।

समय-परीक्षणित सिद्धांत

यह धारणा कि कई बाजार सहभागी शीर्ष पर खरीदते हैं और नीचे बेचते हैं, ऐतिहासिक धन प्रवाह विश्लेषण द्वारा सिद्ध किया गया है। मनी फ्लो विश्लेषण म्यूचुअल फंड के लिए फंड के शुद्ध प्रवाह को देखता है और अक्सर दिखाता है कि, जब बाजार शिखर या घाटियों

को मार रहे हैं, तो खरीद या बिक्री अपने उच्चतम स्तर पर होती है।

बाजार की विसंगतियां जैसे संकट अवलोकन के लिए उपयोगी समयावधि हो सकती हैं। 2007-2008 के वित्तीय संकट के दौरान, निवेशकों ने बाजार से पैसा निकाल लिया और म्यूचुअल फंड में पैसा प्रवाह नकारात्मक हो गया। शुद्ध फंड का बहिर्वाह बाजार के निचले स्तर पर पहुंच गया और, जैसा कि बाजार के नीचे के लिए विशिष्ट है, बिक्री ने अत्यधिक छूट वाले निवेशों को बनाया, जो अंततः एक महत्वपूर्ण मोड़ और बाजार की अगली चढ़ाई का आधार बना।

निवेश से भावनाओं को बाहर निकालने की रणनीतियाँ

निवेश के सबसे लोकप्रिय तरीकों में से दो-डॉलर-लागत औसत और विविधीकरण-निवेश निर्णयों से कुछ अनुमान लगा सकते हैं और भावनात्मक निवेश के कारण खराब समय के जोखिम को कम कर सकते हैं। सबसे प्रभावी में से एक निवेश डॉलर का डॉलर-लागत औसत है।

डॉलर-लागत औसत एक ऐसी रणनीति है जिसमें नियमित, पूर्व निर्धारित अंतराल पर समान मात्रा में डॉलर का निवेश किया जाता है। इस रणनीति को किसी भी बाजार की स्थिति में लागू किया जा सकता है। डाउनवर्ड ट्रेंडिंग मार्केट में निवेशक कम और कम कीमतों पर शेयर खरीद रहे हैं। ऊपर की ओर प्रवृत्ति के दौरान, पोर्टफोलियो में पहले रखे गए शेयर पूंजीगत लाभ पैदा कर रहे हैं और चूंकि डॉलर का निवेश एक निश्चित राशि है, शेयर की कीमत अधिक होने पर कम शेयर खरीदे जाते हैं।

डॉलर-लागत औसत रणनीति की कुंजी पाठ्यक्रम में बने रहना है। रणनीति निर्धारित करें और इसके साथ तब तक छेड़छाड़ न करें जब तक कि कोई बड़ा बदलाव स्थापित पाठ्यक्रम पर दोबारा गौर और पुनर्संतुलन की आवश्यकता न हो। इस प्रकार की रणनीति मिलान लाभों के साथ 401 (के) योजनाओं में सबसे अच्छा काम कर सकती है, क्योंकि प्रत्येक पेचेक से एक निश्चित डॉलर की राशि काट ली जाती है और नियोक्ता अतिरिक्त योगदान प्रदान करता है।

प्रतिभूतियों के बजाय निवेश की एक सरणी खरीदने की प्रक्रिया है, बाजार की अस्थिरता के प्रति भावनात्मक प्रतिक्रिया को कम करने में भी मदद कर सकता है। आखिरकार, इतिहास में केवल कुछ ही बार ऐसा हुआ है जब सभी बाजार एक साथ चले गए हैं और विविधीकरण ने बहुत कम सुरक्षा प्रदान की है। सामान्य बाजार चक्रों में, विविधीकरण रणनीति का उपयोग सुरक्षा का एक तत्व प्रदान करता है क्योंकि कुछ निवेशों में नुकसान दूसरों में लाभ से ऑफसेट होता है।

एक पोर्टफोलियो में विविधता लाने के कई रूप हो सकते हैं जैसे कि विभिन्न उद्योगों, विभिन्न भौगोलिक क्षेत्रों, विभिन्न प्रकार के निवेशों में निवेश, और यहां तक कि अचल

संपत्ति और निजी इक्विटी जैसे वैकल्पिक निवेशों के साथ हेजिंग भी । इन सभी निवेश समूहों में से प्रत्येक के पक्ष में विशिष्ट बाजार स्थितियां हैं, इसलिए इन सभी विभिन्न प्रकार के निवेशों से बना एक पोर्टफोलियो बाजार की स्थितियों की एक श्रृंखला में सुरक्षा प्रदान करना चाहिए।

अधिकतर पूछे जाने वाले सवाल

बाजार मनोविज्ञान के लिए भावनाएं इतनी महत्वपूर्ण क्यों हैं?

कई निवेशक भावुक और प्रतिक्रियावादी होते हैं, और उस क्षेत्र में भय और लालच भारी हिट होते हैं। कुछ शोधकर्ताओं के अनुसार, लालच और भय में हमारे दिमाग को इस तरह प्रभावित करने की शक्ति होती है जो हमें सामान्य ज्ञान और आत्म-नियंत्रण को अलग रखने के लिए मजबूर करती है और इस प्रकार परिवर्तन को भड़काती है। जब मनुष्य और धन की बात आती है, तो भय और लालच शक्तिशाली उद्देश्य हो सकते हैं।

शेयर बाजार में डर या लालच के स्तर को कोई कैसे माप सकता है?

कई बाजार भावना संकेतक हैं जिन्हें कोई देख सकता है, लेकिन दो विशेष रूप से भय या लालच की भावनाओं से पूछताछ करते हैं। उदाहरण के लिए, सीबीओई का वीआईएक्स इंडेक्स एसएंडपी 500 में अस्थिरता में बदलाव को देखकर बाजार में डर या लालच के निहित स्तर को मापता है । सीएनएन मनी भय और लालच सूचकांक एक और अच्छा उपकरण है जो भय और लालच में दैनिक, साप्ताहिक, मासिक और वार्षिक परिवर्तनों को मापता है। इसका उपयोग एक विरोधाभासी संकेतक के रूप में किया जाता है जो यह स्थापित करने के लिए सात अलग-अलग कारकों की जांच करता है कि बाजार में कितना डर और लालच है, 0 से 100 के पैमाने पर निवेशक भावना को स्कोर करता है।

भावनाओं को नियंत्रण में रखने के लिए कुछ व्यापारिक रणनीतियाँ क्या हैं?

ट्रेडिंग में भावनाओं के बोलबाला से बचने के लिए एक निवेश योजना होना और उस पर टिके रहना सबसे अच्छा तरीका है। निष्क्रिय सूचकांक निवेश, विविधीकरण, और डॉलर-लागत औसत निष्पक्षता बनाए रखने के सभी काफी आसान तरीके हैं।

तल - रेखा

भावनाओं के बिना निवेश करना आसान है, कहा जाता है, लेकिन कुछ महत्वपूर्ण विचार हैं जो एक व्यक्तिगत निवेशक को व्यर्थ लाभ का पीछा करने या घबराहट में ओवरसेलिंग करने से रोक सकते हैं। अपनी जोखिम सहनशीलता और अपने निवेश के जोखिमों को समझना तर्कसंगत निर्णयों के लिए एक महत्वपूर्ण आधार हो सकता है। बाजारों की सक्रिय समझ और कौन सी ताकतें तेजी और मंदी के रुझान को चला रही हैं, यह भी महत्वपूर्ण है।

कुल मिलाकर, ऐसे समय होते हैं जब सक्रिय और भावनात्मक निवेश लाभदायक हो सकता है, डेटा से पता चलता है कि एक अच्छी तरह से परिभाषित <u>निवेश रणनीति का पालन</u> करने और बाजार की अस्थिरता के माध्यम से पाठ्यक्रम में बने रहने से अक्सर सबसे अच्छा दीर्घकालिक प्रदर्शन रिटर्न मिलता है।

व्यापारियों के रूप में, हम सभी एक ही मनोवैज्ञानिक जाल में पड़ जाते हैं और वही मानसिक गलतियाँ करते हैं। चक्र को तोड़ने और प्रतिकूल व्यवहार से बचने के लिए पहला कदम हमारे सामने आने वाले व्यापारिक पूर्वाग्रहों की समझ हासिल करना है। आज के वीडियो में, मैं 10 मनोवैज्ञानिक त्रुटियों की एक सूची साझा करूंगा, जिसके कारण व्यापारी शिकार होते हैं और सामान्य पूर्वाग्रहों से हम सभी को बचना चाहिए।

1. **पुष्टिकरण पूर्वाग्रह:** पुष्टिकरण पूर्वाग्रह जानकारी की खोज , व्याख्या, पक्ष और याद करने की प्रवृति है जो हमारे अपने निर्णय का समर्थन करती है और जानकारी को बहुत कम वजन प्रदान करती है जो नहीं करती है। मूल रूप से, हम उस पर विश्वास करते हैं जो हमारे वर्तमान विश्वासों का समर्थन करता है, और हम उस पर ध्यान नहीं देते हैं जो उन विश्वासों को चुनौती देता है। पुष्टिकरण पूर्वाग्रह तब होता है जब आप बाजार में एक स्थिति लेते हैं और फिर मुख्य रूप से तकनीकी संकेतकों या बाजार समाचार पर ध्यान केंद्रित करते हैं जो उस स्थिति के साथ रहने का समर्थन करते हैं। किसी भी मौलिक या तकनीकी चेतावनी के संकेत पर ध्यान नहीं दिया जाता है और जानकारी को तोड़ दिया जाता है। इस उदाहरण में, मान लें कि आप चार्ट का विश्लेषण करते हैं और यह निष्कर्ष निकालते हैं कि कीमत बढ़ जाएगी। उस बिंदु से, आप केवल एक तेजी की कीमत की प्रवृति की पुष्टि की तलाश करेंगे। आपके द्वारा देखे जाने वाले प्रत्येक संकेतक या मूल्य पैटर्न को आपके विचार की पुष्टि करने के लिए देखा और व्याख्या किया जाएगा: कीमत बढ़नी चाहिए। कोई भी संकेत है कि कीमत इसके विपरीत हो सकती है (जैसे कि नीचे की ओर ब्रेकआउट) को ज्यादातर नजरअंदाज कर दिया जाएगा। हम सभी के लिए यहां एक सबक है। समाधान यह है कि हम ऐसी जानकारी की तलाश करें और समझें जो हमारे मौजूदा विश्वास से असहमत है और यथासंभव तर्कसंगत रूप से जानकारी का मूल्यांकन करती है।

2. **आत्म-अभिव्यक्ति:** क्या आपने कभी ध्यान दिया है कि जब आपके स्टॉप हिट होते हैं तो आप बाहरी ताकतों को दोष देते हैं, लेकिन जब आपके लक्ष्य हिट होते हैं तो उन्हीं ताकतों

को श्रेय नहीं देते हैं? जब हम ट्रेड जीतते हैं, तो हम यह विश्वास करना चाहते हैं कि यह भाग्य के बजाय हमारे शानदार निर्णय लेने के कौशल के कारण है। जब हम हारते हैं, तो हम यह विश्वास करना चाहते हैं कि यह दुर्भाग्य के कारण है। अन्यथा, हमें यह स्वीकार करना होगा कि हमारे नुकसान खराब निर्णय लेने के कौशल के कारण हो सकते हैं। परिदृश्य की कल्पना करें: आप एक कंपनी पर एक व्यापार करते हैं, लेकिन इसके तुरंत बाद, इसके शेयरों में गिरावट शुरू हो जाती है। फिर आप उस मित्र को दोष देते हैं जिसने आपको कंपनी के बारे में बताया, या रेडिट पर पोस्ट , या यहां तक कि बाजार में गिरावट के लिए। इस प्रवृत्ति का मतलब है कि आप बड़ी तस्वीर को देखने में विफल होते हैं, क्योंकि आपने बाजार के रुझान, या कंपनी के नवीनतम वित्तीय अपडेट को ध्यान में रखने की उपेक्षा की है, उदाहरण के लिए। आइए अब परिदृश्य को उलट दें। कहें कि कंपनी सफल है और स्टॉक बढ़ने लगता है। इस बार आप मानते हैं कि आप हमेशा से जानते थे कि कंपनी एक अच्छा निवेश होगी। कंपनी की सफलता आपकी सफलता बन जाती है। अंतर देखें, है ना? लंबे समय में यह आत्म-विशेषता पूर्वाग्रह एक नकारात्मक घटना है जो कौशल की कमी और विफलताओं को जन्म दे सकती है।

3. पिछली पूर्वाग्रह: क्या आपने कभी किसी चार्ट को देखा है और तुरंत यह मान लिया है कि आपको पता होगा कि अतीत में हुए किसी व्यापार में कब प्रवेश करना और बाहर निकलना है? पश्चदृष्टि का यह प्रयोग बहुत आम है, और यह आपको अपनी व्यापारिक क्षमताओं में विश्वास का झूठा एहसास देता है। किसी चार्ट को देखना और यह विश्वास करना आसान है कि हमें ठीक-ठीक पता होता कि सही समय पर क्या करना है। अंत में, कोई भी देख सकता है कि बिटकॉइन विस्फोट होने वाला था, या स्टॉक मार्केट क्रैश आसन्न था। हालाँकि, जो चीजें पिछली दृष्टि से स्पष्ट प्रतीत होती हैं, वे उस समय बहुत कम स्पष्ट थीं जब वे घटित हुई थीं। पश्चदृष्टि पूर्वाग्रह को दूर करने के लिए, आपको संभावनाओं के संदर्भ में सोचना होगा। सही व्यापारिक निर्णय वास्तव में उस पर आधारित नहीं होते हैं जो आपके द्वारा किसी व्यापार में प्रवेश करने का निर्णय लेने के बाद हुआ था। यह उस समय जो हो रहा था उसकी प्रायिकता पर आधारित है। आप पिछली पूर्वाग्रह को यह निर्धारित नहीं कर सकते कि कोई व्यापारिक निर्णय सही था या नहीं।

4. एंकरिंग: यह अप्रासंगिक संख्याओं पर ध्यान केंद्रित करने की प्रक्रिया को दिया गया नाम है। व्यापार के संदर्भ में, इस भूमिका को भरने की सबसे अधिक संभावना एक व्यापार का प्रवेश मूल्य है। कई व्यापारी वर्तमान मूल्य बनाम प्रवेश मूल्य के बारे में बहुत अधिक परवाह करते हैं, लेकिन बाद वाला मूल्य के भविष्य के आंदोलन के लिए अप्रासंगिक है। व्यापार को प्रवेश मूल्य पर मानसिक रूप से लंगर डालने से खराब व्यापारिक निर्णय हो सकते हैं। उदाहरण के लिए, कल्पना करें कि आपने $50 पर समर्थन के निकट एक स्टॉक खरीदा है। स्टॉक तब समर्थन को तोड़ता है और $ 40 पर एक नए निचले स्तर पर गिर जाता है। तकनीकी रूप से कहें तो स्टॉक अब बिक रहा है। हालाँकि, आप स्थिति से बाहर निकलने

के लिए अनिच्छुक हो सकते हैं क्योंकि आप ब्रेक ईवन चाहते हैं। आप केवल $50 पर बाहर निकलने की परवाह करते हैं, और इस प्रकार महत्वपूर्ण जानकारी को अनदेखा करते हैं। मूल रूप से, आप मानसिक रूप से $50 के प्रवेश मूल्य से जुड़े हुए हैं। वास्तव में, आगे क्या होगा , इस पर प्रवेश मूल्य का कोई प्रभाव नहीं पड़ता है। महत्वपूर्ण जानकारी यह है कि स्टॉक ने समर्थन तोड़ दिया है और एक प्रमुख नए निचले स्तर पर पहुंच गया है। $50 का प्रवेश मूल्य अब अप्रासंगिक है। आप अपने प्रवेश मूल्य के बारे में परवाह कर सकते हैं, लेकिन बाजार नहीं करता है। इस पूर्वाग्रह पर काबू पाने की कुंजी वस्तुनिष्ठ और लचीला होना है, कीमतों का मूल्यांकन करने और निष्पक्ष निर्णय लेने में सक्षम होना, चाहे आपकी वर्तमान स्थिति कुछ भी हो।

5. प्रदर्शन का पीछा करना: व्यापारियों के पास भविष्य के अनुमानों को पिछले प्रदर्शन पर आधारित करने की प्रवृति होती है। यह एक व्यवहार की ओर ले जाता है जिसे ''चेज़िंग परफॉर्मेंस'' कहा जाता है। जब आप सोचते हैं कि आपको अगले महीने तक अपने खाते को दोगुना करने की आवश्यकता है या यदि आप जल्द से जल्द बहुत सारा पैसा नहीं कमाते हैं तो आप चूक रहे हैं। यह उच्च जोखिम और बड़े स्थिति आकार की ओर जाता है। स्टॉक की कीमतों में वृद्धि जारी रहने के कारण आप व्यापारियों को उच्च कीमतों पर खरीदारी करने के बारे में कैसे समझाते हैं? या वे जो बहुत अधिक कीमत पर बिटकॉइन खरीदते हैं - क्योंकि हर कोई इसके बारे में बात कर रहा है? FOMO यह महसूस कर रहा है कि "आप महान रिटर्न से चूक रहे हैं" ने शायद किसी अन्य एकल कारक की तुलना में अधिक बुरे निर्णय लिए हैं। प्रदर्शन का पीछा करने का सीधा सा मतलब है कि आप एक झूठी उम्मीद और अति आत्मविश्वास की भावना पैदा करते हैं, जो आपको लंबे समय में नुकसान पहुंचा सकती है।

6. व्यक्तिगत अनुभव: हम दूसरों के अनुभवों पर कम ध्यान देते हुए अपने स्वयं के अनुभव पर अधिक जोर देते हैं। और हम हाल के दिनों में हुए अनुभवों को और भी अधिक महत्व देते हैं। उदाहरण के लिए, क्या आपने कभी अपने आप को एक लाभदायक व्यापार में पाया है, फिर भी आप परिणाम से नाखुश थे? क्या आपने कभी विश्वास किया है कि आपको जीतने वाले व्यापार पर अधिक पैसा बनाना चाहिए था? निम्नलिखित परिदृश्य की कल्पना करें: आप $ 30 पर एक स्टॉक खरीदते हैं और प्रति शेयर $ 5 के लाभ के लिए $ 35 से बाहर निकलते हैं। एक अन्य व्यापारी उसी स्टॉक को $ 30 पर खरीदता है लेकिन $ 35 पर बाहर नहीं निकलता है। वह स्टॉक को जारी रखता है क्योंकि यह $ 40 तक बढ़ जाता है। जैसे ही वह होल्ड करना जारी रखता है, स्टॉक वापस $ 35 तक गिर जाता है। उस कीमत पर, वह बाहर निकलता है। आप दोनों ने $30 में खरीद कर और $35 पर बेचकर एक ही परिणाम प्राप्त किया। हालाँकि, आपके अनुभव समान नहीं थे। आप शायद परिणाम से खुश हैं और शायद यह भी नहीं जानते होंगे कि स्टॉक 40 डॉलर तक चढ़ गया। इस बीच, दूसरे व्यापारी को $40 पर बेचने का अवसर मिला, लेकिन ऐसा करने में असफल रहा, और इस वजह से,

वह परिणाम से कम संतुष्ट है। यह भावनात्मक प्रतिक्रिया उसके व्यक्तिगत अनुभव पर बहुत अधिक जोर देने के परिणामस्वरूप आती है। मुद्दा यह है कि अपने आप को दोष देने का कोई कारण नहीं है क्योंकि आपने नीचे से खरीदा या शीर्ष पर नहीं बेचा। ऊपर और नीचे को चुनना, देखने में आसान लग सकता है, लेकिन वास्तविक समय में ऐसा करने का प्रयास करना कठिन हो सकता है।

7. फ्रेमिंग: व्यापारियों को लगातार सवालों का सामना करना पड़ता है। क्या हमें इस कीमत पर स्टॉक खरीदना चाहिए? क्या इस मुद्रा का मूल्यांकन नहीं किया गया है? क्या हमें इस व्यापार को बनाए रखना चाहिए या हमें बाहर निकल जाना चाहिए? अध्ययनों से पता चला है कि हम किसी प्रश्न का उत्तर इस बात पर निर्भर करते हैं कि प्रश्न किस तरह से तैयार किया गया है। हम जो निष्कर्ष निकालते हैं, वे प्रभावित हो सकते हैं, और कभी-कभी इसमें हेरफेर किया जा सकता है, यह इस बात पर निर्भर करता है कि प्रश्न किस तरह से प्रस्तुत किया गया है। एक व्यापारी जो फ्रेमिंग की अवधारणा को समझता है, वह अपने स्वयं के व्यवहार को सचेत रूप से अर्थ और जीत या हानि के संदर्भ को निर्धारित करके प्रभावित कर सकता है। उदाहरण के लिए, व्यापारी ए यह मान सकता है कि नुकसान उठाना उसे हारे हुए बनाता है। यह रुख अपनाकर ट्रेडर ए मानसिक रूप से नुकसान को कड़े संदर्भ में तैयार कर रहा है। इस बात की अच्छी संभावना है कि यह ट्रेडर हारे हुए पॉजिटन को थामे रहने के लिए ललचाएगा , क्योंकि वह हारे हुए के लेबल से बचना चाहता है। इस बीच, ट्रेडर बी घाटे को अलग तरह से फ्रेम करता है। वह नुकसान को ट्रेडिंग गेम का एक और हिस्सा मानता है; इसलिए, उसका आत्म-मूल्य व्यापार के परिणाम से अप्रभावित है। इस वजह से, ट्रेडर बी को नुकसान उठाना और आगे बढ़ना आसान लगता है।

8. नमूना आकार को कम करके आंकना: आपने कितनी बार लगातार 4 या 5 ट्रेडों को जीतने के बाद अजेय महसूस किया है और फिर 6 वें ट्रेड पर बहुत अधिक पैसा खो दिया है क्योंकि आपने बहुत अधिक जोखिम लिया है? और आपने कितनी बार अपनी ट्रेडिंग रणनीति बदली या लगातार 4 ट्रेडों को खोने के बाद अपनी संकेतक सेटिंग्स को समायोजित किया क्योंकि आपको लगा कि आपकी रणनीति अब काम नहीं कर रही है? यह एक आम समस्या है। व्यापारी भी अक्सर कुछ ट्रेडों के आधार पर अपने सिस्टम की सटीकता के बारे में धारणा बनाते हैं, या केवल कुछ हारने के बाद भी पैरामीटर बदलते हैं। एक अच्छा नमूना आकार 40 - 50 ट्रेड है। इस संख्या तक पहुंचने से पहले अपने दृष्टिकोण के बारे में कुछ भी न बदलने का प्रयास करें। और सुनिश्चित करें कि नमूना आकार के भीतर अपने व्यापार की सटीक तस्वीर प्राप्त करने के लिए आप उन्हीं नियमों का पालन करते हैं।

9. ज्ञान का भ्रम: आइए इसका सामना करते हैं, कभी न कभी, हम सभी इस भ्रम के शिकार हो जाते हैं कि अधिक जानकारी होने से बेहतर व्यापारिक परिणाम प्राप्त होंगे। वास्तव में, बहुत अधिक बेकार जानकारी नकारात्मक हो सकती है। बड़ी मात्रा में जानकारी होने की तुलना में सार्थक जानकारी होना कहीं अधिक महत्वपूर्ण है। दिन के अंत में, सार्थक

जानकारी ही बाजार को आगे बढ़ाती है। कई अध्ययनों से पता चला है कि बढ़ती जानकारी से सटीकता में वृद्धि के बजाय अति आत्मविश्वास बढ़ता है, जो वास्तव में निर्णय लेने के लिए हानिकारक हो सकता है। 10. नियंत्रण का भ्रम: यह विश्वास है कि हम एक बेकाबू घटना के परिणाम को प्रभावित कर सकते हैं। यह गलत विश्वास व्यापारियों को अपनी व्यापारिक योजनाओं से दूर करने या अपने व्यापार में निरंतर समायोजन करने का कारण बनता है। यह इस भ्रम की ओर ले जाता है कि आप स्थिति के नियंत्रण में हैं, जब वास्तव में, किसी भी बाजार में हमेशा कुछ हद तक यादृच्छिक गतिविधि मौजूद होती है। नियंत्रण का भ्रम व्यापारी को अपनी रणनीति छोड़ने का कारण बनता है। यदि आपने कुछ नया सीखा है और मूल्य पाया है, तो अपना समर्थन दिखाने के लिए हमें एक लाइक दें, हमारे चैनल को सब्सक्राइब करें और जब हम नए वीडियो जारी करते हैं तो संपर्क में रहने के लिए घंटी आइकन दबाएं। अगली बार तक।

4

बुनियादी सवाल यह है कि शेयर बाजार को क्या चलाता है? स्टॉक की कीमतें हर दिन ऊपर और नीचे क्यों बढ़ती हैं?

पारंपरिक वित्तीय मॉडल यह मानते हैं कि निर्णय लेने वाले ये निर्णय तर्कसंगत रूप से लेते हैं, इसलिए वे सभी उपलब्ध सूचनाओं को ध्यान में रखते हैं, और इसे सही तरीके से संसाधित करते हैं, लेकिन यह वह तरीका नहीं है जिससे मनुष्य संचालित होता है। मनुष्य गलतियाँ करते हैं जो वे मनोवैज्ञानिक पूर्वाग्रहों से प्रेरित होते हैं, और इसलिए इसके परिणामस्वरूप त्रुटियाँ होती हैं। और इसलिए हम अगले छह व्याख्यानों में क्या करने जा रहे हैं, यह पता लगाना है कि लोग आमतौर पर क्या गलतियाँ करते हैं, और फिर रचनात्मक रूप से हम उन गलतियों पर नज़र रखने और बेहतर निर्णय लेने के लिए क्या कर सकते हैं। और हम इन्हें शेयर बाजार में निर्णयों के संदर्भ में, निवेश के संदर्भ में, अपने खर्च और बचत व्यवहार के संदर्भ में देखेंगे , और हममें से जो व्यवसाय चलाते हैं, या प्रबंधकीय भूमिका निभाते हैं, हम कैसे बेहतर बन सकते हैं व्यापार के नायक। लेकिन आज हम जो करने जा रहे हैं वह यह है कि हम विशेष रूप से शेयर बाजार के मनोविज्ञान पर ध्यान केंद्रित करने वाले हैं।

तो बुनियादी सवाल यह है कि शेयर बाजार को क्या चलाता है? स्टॉक की कीमतें हर दिन ऊपर और नीचे क्यों बढ़ती हैं? क्या यह मूलभूत कारक हैं, जैसे लाभ और लाभांश? या यह भावना जैसे मनोवैज्ञानिक कारक हैं?

अब 2022 में, हम अक्सर आज इस तथ्य को देख रहे हैं कि अब मिल्टन फ्रीडमैन की 50वीं वर्षगांठ है। इसलिए 1970 में, उन्होंने इस विवादास्पद लेख को प्रसिद्ध रूप से लिखा, यह तर्क देते हुए कि कंपनियों को पूरी तरह से मुनाफे पर ध्यान केंद्रित करना चाहिए, न कि व्यापक समाज पर, लेकिन मैं वास्तव में आज के बारे में बात नहीं करने वाला हूं, क्योंकि मैंने इसके बारे में अपनी पहली ग्रेशम कॉलेज व्याख्यान श्रृंखला में बात की थी। कैसे व्यापार समाज की बेहतर सेवा कर सकता है, लेकिन एक और, बहुत प्रभावशाली लेख था जो 1970 में लिखा गया था और अगर फ्राइडमैन पर इतना ध्यान नहीं दिया गया था, तो मुझे लगता है कि इस तथ्य पर अधिक ध्यान दिया जाएगा कि यह 50वीं वर्षगांठ भी है। वह लेख। और लेख यूजीन फार्मर नामक अर्थशास्त्र और वित्त के एक अन्य प्रोफेसर का था। और वह शिकागो विश्वविद्यालय में भी थे, और उन्होंने 1970 में प्रसिद्ध रूप से लिखा था कि शेयर बाजार कुशल थे।

और उसके कहने का मतलब यह था कि स्टॉक की कीमतें बनाते समय वे सभी उपलब्ध सूचनाओं को ध्यान में रखते हैं। और इसलिए मुझे लगता है कि यह एकमात्र समीकरण हो सकता है जो मेरे पास आज की स्लाइड्स में है, इस बर्च समीकरण के बारे में चिंता न करें, लेकिन इससे पता चलता है कि किसी भी संपत्ति की कीमत उस परिसंपत्ति के भविष्य के नकदी प्रवाह का अपेक्षित मूल्य है। एक निश्चित दर से, कुछ जानकारी दी। तो यहां जिस चीज पर ध्यान देना वास्तव में महत्वपूर्ण है, वह है बार I जीरो। इसलिए जब आप किसी कंपनी के नकदी प्रवाह की भविष्यवाणी कर रहे हों, या जब आप किसी कंपनी के जोखिम की भविष्यवाणी कर रहे हों, जो छूट दर को प्रभावित करता है, तो आप सभी उपलब्ध जानकारी को ध्यान में रखते हैं। तो चलिए उस ठोस को एक उदाहरण से बनाते हैं। तो मान लीजिए कि आप Apple के स्टॉक मूल्य का पता लगा रहे हैं, तो Apple के लिए प्रासंगिक जानकारी क्या है? ठीक है, आप चीजों को देख सकते हैं, जैसे, आईफोन अन्य प्रतिस्पर्धी फोन के मुकाबले कैसा कर रहा है।

आप अर्थव्यवस्था की स्थिति को देख सकते हैं, और यह महामारी से कैसे प्रभावित हो सकता है, और आप टिम कुक के संभावित उत्तराधिकारियों के बारे में भी सोच सकते हैं, और क्या Apple के पास एक अच्छी उत्तराधिकार योजना है, और वे सभी चीजें उचित लगती हैं, लेकिन ध्यान दें कि यहां महत्वपूर्ण शब्द शब्द है, सभी कीमतों को सभी उपलब्ध जानकारी को प्रतिबिंबित करना है, और इसलिए इसका मतलब यह है कि प्रत्येक जानकारी, चाहे कितनी भी गूढ़ जानकारी, जो कि Apple स्टॉक मूल्य के लिए प्रासंगिक हो, को शामिल किया जाएगा। बाजार।

फिर से, एक उदाहरण के रूप में देते हैं। तो मान लीजिए कि वेनेजुएला में एक सैन्य तख्तापलट की संभावना है, और मान लें कि Apple अपने iPhones का 0.1% वेनेजुएला को बेचता है, यह प्रासंगिक है, यह Apple के राजस्व को प्रभावित करेगा, लेकिन हम तुरंत देख सकते हैं कि यह स्टॉक में क्यों नहीं हो सकता है कीमत क्योंकि जो लोग Apple

स्टॉक का व्यापार करते हैं, वे अमेरिकी अर्थव्यवस्था पर ध्यान केंद्रित कर सकते हैं, और वे तकनीकी क्षेत्र के विशेषज्ञ हो सकते हैं, लेकिन वे वेनेजुएला की भू-राजनीतिक स्थिति के विशेषज्ञ नहीं हो सकते हैं। इसलिए कुछ जानकारी वास्तव में कीमत में नहीं डाली जा सकती, भले ही वह प्रासंगिक हो। और इसलिए यह सवाल है कि हम आज शाम को अध्ययन करने वाले हैं, है ना ?

नहीं, हो सकता है कि आप सप्ताहांत या ऐसा ही कुछ बिताने के लिए मॉंटे-कार्लो जा रहे हों। और इसलिए आप सोच सकते हैं कि मैं इसे सोमवार को करने के लिए तैयार हो जाऊंगा, लेकिन जब तक सोमवार आता है, तब तक आपके इनबॉक्स में 50 और चीजें आ जाती हैं, इसलिए आप इसका विश्लेषण करने के लिए इधर-उधर नहीं जाते । और इसलिए इसका मतलब यह है कि जब कंपनियां शुक्रवार को अपनी कमाई की घोषणा करती हैं, तो प्रतिक्रिया कम होती है, कम प्रतिक्रिया होती है , और इसलिए बाद में अधिक बहाव होता है । और यहां मेरे बहुत पसंदीदा अध्ययनों में से एक है, जो दर्शाता है कि ग्राहक आय की घोषणा के लिए धीमी प्रतिक्रिया के संदर्भ में प्रभाव विशेष रूप से मजबूत है। तो वह सब क्या है? तो मान लीजिए कि एक दवा कंपनी है जो खराब कमाई की घोषणा करती है। यह किसके लिए बुरा है?

खैर, यह उस फार्मास्यूटिकल्स कंपनी के लिए बुरा है, लेकिन यह उस केमिकल कंपनी के लिए भी बुरा है, जो उस फार्मास्युटिकल कंपनी को केमिकल्स की आपूर्ति करती है। लेकिन अगर आपके ग्राहक के साथ बुरा हुआ है, तो यह आपूर्तिकर्ता के लिए बुरा होगा। लेकिन आपने शायद इस पर ध्यान नहीं दिया, क्यों? क्योंकि कैसे ये निवेश बैंक, और इन निधियों को कैसे विभाजित किया जाता है, क्या उन्हें अक्सर उद्योग द्वारा विभाजित किया जाता है। ठीक है, तो मैं केमिकल सेक्टर में इन्वेस्टमेंट बैंकिंग का काम करता था। और क्योंकि मैं पहले से ही इन रसायन कंपनियों का अध्ययन करने में 20 घंटे बिता रहा था, मेरे पास यह पता लगाने का समय नहीं था कि फार्मास्यूटिकल्स उद्योग में क्या हो रहा है। तो इसका मतलब यह है कि एक अलग क्षेत्र में प्रासंगिक जानकारी हो रही है, और क्योंकि लोग क्षेत्र के विशेषज्ञ हैं, वे जानकारी पर ध्यान नहीं देंगे ।

और इसलिए यहां एक बहुत ही चतुर व्यापारिक रणनीति है यदि किसी कंपनी की खराब कमाई की घोषणाएं हैं, तो आप आपूर्तिकर्ता को कम करते हैं, विज्ञापन जो अध्ययन में पाया गया था कि आप इस पर व्यापार करके प्रति वर्ष 17% कमाएंगे। तो यह लॉरेन कोहेन और एंड्रिया फ्रैज़िनी द्वारा डिजाइन किया गया था , जहां एंड्रिया शिकागो विश्वविद्यालय में हुआ करता था, और वह वास्तव में यूजीन किसान के साथ होने के कारण बीमार हो गया था, उसे बता रहा था कि बाजार इतने कुशल थे, लेकिन उसने छोड़ने और फिर सेट करने का फैसला किया ऊपर ए, और अब एक हेज फंड में शामिल हों, जहां वह इन रणनीतियों को लागू कर रहा है, और इस शोध के आधार पर बहुत अच्छा कर रहा है।

ठीक है, तो आप सोच सकते हैं कि क्या मैंने अभी कुछ समझाया नहीं है जो वास्तव में तर्कहीन लगता है, है ना? क्योंकि मैंने कहा है, ठीक है, जानकारी के लिए इस तरह की बहुत सी गलत प्रतिक्रिया है, लेकिन अगर वास्तव में ये सभी व्यापारिक रणनीतियाँ थीं, जो यहाँ हैं, तो मेज पर बहुत सारा पैसा है, लोग इसका फायदा क्यों नहीं उठाते? और यहां न केवल इस व्याख्यान के पीछे, बल्कि संपूर्ण व्याख्यान श्रृंखला के प्रमुख आधारों में से एक है कि ये अक्षमताएं क्यों बनी रह सकती हैं। और यह मध्यस्थता की सीमा का विचार है। तो आर्बिट्राज क्या है? यही विचार है कि यदि कोई व्यापारिक रणनीति है, तो यदि आप एक चतुर निवेशक हैं, तो आप इसका फायदा उठाने में सक्षम होना चाहिए। ऐसा क्यों नहीं है कि लोग कमाई की विसंगति जैसी चीजों पर व्यापार कर रहे हैं, जैसे एंड्रिया फ्रैज़िनी अब कर रही है, वह एक व्यक्ति है, लेकिन सैकड़ों लोग ऐसा क्यों नहीं कर रहे हैं? और यहाँ मुद्दा है। तो मैं एक उदाहरण देता हूं।

तो यह हुआ करता था, दो कंपनियां थीं, रॉयल डच और शेल। इसलिए वे दोनों ऊर्जा उद्योग के भीतर हैं, और उन्होंने एक दूसरे के साथ विलय करने का फैसला किया। इसलिए आम तौर पर जब कंपनियों का विलय होता है, तो एक कंपनी दूसरी कंपनी को खरीदती है, और इसलिए उन्होंने सोचा कि चलो रॉयल डच शेल खरीदें। अब, अगर ऐसा होता है, ठीक है, तो कंपनी का मुख्यालय नीदरलैंड में होगा। हो सकता है कि शेल के पूर्व शेयरधारक ब्रिटिश पेंशन फंड हों, और वे सोच सकते हैं कि हम एक डच स्टॉक नहीं रखना चाहते हैं, हम अपने शेयर बेचने वाले हैं, और यह स्टॉक की कीमत को कम करने वाला है जिसे फ्लोबैक के रूप में जाना जाता है ।

और इसके विपरीत, यदि उन्होंने इसे दूसरी दिशा में चुना है, यदि शेल ने रॉयल डच खरीदा है, हाँ, यूके पेंशन फंड अभी भी शेल को पकड़कर खुश होंगे, लेकिन डच पेंशन फंड जो रॉयल डच धारण करते थे, वे कह सकते हैं, हम इस ब्रिटिश कंपनी को नहीं रखना चाहते , चलो शेयर बेचते हैं। तो क्या हुआ जब उनका विलय हुआ, बजाय इसके कि एक कंपनी दूसरे को खरीद ले, उन्होंने दोनों कंपनियों को अलग रखने का फैसला किया, लेकिन इसके बजाय उन्होंने अपनी संपत्ति का विलय कर दिया। इसलिए रॉयल डच और शेल ने अपनी सभी ऊर्जा संपत्तियों को एक साथ मिला दिया। उन्होंने नीदरलैंड और यूके में दो अलग-अलग कंपनियों को रखा। लेकिन फिर वे इस बात पर सहमत हुए कि उन संपत्तियों से होने वाले किसी भी लाभ को 60% रॉयल डच और 40% शेल को विभाजित किया जाएगा, क्यों? क्योंकि जिस समय उन्होंने संपत्ति को जोड़ा, उस समय रॉयल डच की संपत्ति शेल की तुलना में डेढ़ गुना अधिक थी।

और इसलिए इसका मतलब यह है कि किसी भी समय, सैद्धांतिक रूप से रॉयल डच के शेयर शेल के शेयरों की तुलना में डेढ़ गुना होना चाहिए। लेकिन यह सैद्धांतिक रूप से सही है, वास्तविक दुनिया में यह कहने के लिए कुछ भी नहीं है कि इस समीकरण को धारण करने की आवश्यकता है। और तो हुआ यह कि अगर वास्तव में डच शेयर बाजार ने वास्तव

में अच्छा किया, तो सभी डच शेयरों ने अच्छा प्रदर्शन किया, फिर रॉयल डच ऊपर गया और शायद यह, जो कि डेढ़ गुना होना चाहिए था, यह दो गुना हो गया। लोग भूल गए कि रॉयल डच और शेल को जोड़ा जाना चाहिए, इसके बजाय रॉयल डच शेयर बाजार के समग्र उत्साह के साथ आगे बढ़े। तो आप सोच सकते हैं, ठीक है, अगर ऐसा है, तो क्या यहां एक आसान ट्रेडिंग रणनीति नहीं है।

यदि रॉयल डच बहुत महंगा है, तो मैं रॉयल डच खरीदूंगा, और मैं शॉर्ट शेल करूंगा, लेकिन समस्या यह है कि जो भी तर्कहीन उत्साह रॉयल डच को ऊपर जाने के लिए प्रेरित करता है, वह और भी खराब हो सकता है। तो हो सकता है कि डच अर्थव्यवस्था और भी बेहतर करे, और अब रॉयल डच अब शेल की कीमत से तीन गुना अधिक है। अब, आप निवेशक के रूप में, आप नुकसान कर रहे हैं क्योंकि आपने कुछ खरीदा है, और फिर यह वास्तव में मूल्य में नीचे चला गया है। आप उम्मीद करते हैं कि यह वापस डेढ़ से एक हो जाएगा, लेकिन अंतरिम में, यह डेढ़ से नीचे के बजाय दो से तीन तक खराब हो गया है।

और आप निवेशकों से दावा कर सकते हैं, मेरे साथ बने रहें, मुझ पर विश्वास करें, हां, मैंने नुकसान किया है, लेकिन मैं इसे बाद में बदल दूंगा, लेकिन निवेशक आप पर विश्वास नहीं कर सकते हैं, और इसलिए वे आपको परिसमापन के लिए मजबूर करेंगे। , और हानि पर अपनी स्थिति बेचें। आप दो पर स्थिति में चले गए, लेकिन फिर आपको तीन पर बाहर निकलना पड़ा, और फिर यह बदतर है। और इसलिए इसका क्या मतलब है कि उन मामलों में भी जिनमें आपको लगता है कि पाठ्यपुस्तक की मध्यस्थता है, पैसे कमाने का एक निश्चित तरीका है, लेकिन वास्तविक जीवन पाठ्यपुस्तक की तरह नहीं है, क्योंकि जो कुछ भी गलत है, वह अल्पावधि में खराब हो सकता है, कि आपके लिए, भले ही आप एक तर्कसंगत निवेशक हों, हो सकता है कि आप अपना सारा पैसा इस स्थिति में न लगाएं क्योंकि आप जानते हैं कि अगर चीजें बदतर होती हैं, तो आप अल्पावधि में परिसमाप्त हो सकते हैं, इससे पहले कि इसके लिए मौका मिले।

कीमतों को सही करने के लिए, और आपके लिए अपनी रणनीति पर पैसा बनाने के लिए। और इसलिए मेरा मानना है कि इनमें से बहुत सी गलत कीमतें बनी रह सकती हैं, और इसलिए मैं अब भी मानता हूं कि आज भी सक्रिय प्रबंधन की भूमिका है। इसलिए प्रश्नों से पहले अंतिम कुछ मिनटों में, मैं अपना व्यवहार पूरी तरह से बदलने वाला हूं। तो आज के व्याख्यान का लक्ष्य यह दिखाना था कि शेयर बाजार मनोविज्ञान से प्रभावित है, न कि बुनियादी बातों से। अब ऐसा करने के दो तरीके हैं, पहला तरीका यह दिखाना है कि बाजार में वह जानकारी शामिल नहीं है जो उसे करनी चाहिए, और यह व्याख्यान के 40 मिनट के अंतिम भाग का बड़ा हिस्सा है, मैंने आपको जानकारी के विभिन्न अंश दिखाए हैं जो प्रासंगिक हैं, लेकिन उनकी उपेक्षा की जाती है। लेकिन ऐसा करने का दूसरा तरीका यह दिखाना है कि बाजार में ऐसी जानकारी शामिल है जो उसे नहीं करनी चाहिए, यहां तक कि अप्रासंगिक जानकारी भी शेयर की कीमत को प्रभावित करती है। और इसमें से कुछ

अप्रासंगिक जानकारी लोगों की मनोदशा हो सकती है। चाहे व्यापारी खुश हों या नाखुश, वास्तव में शेयर बाजार को चलाता है। और इसलिए ऐसे अध्ययन हैं जो बताते हैं कि सप्ताह का दिन शेयर बाजार को प्रभावित करता है। शुक्रवार को लोग खुश होते हैं, क्योंकि वे वीकेंड का बेसब्री से इंतजार कर रहे होते हैं, जिससे शेयर बाजार में तेजी आती है।

सोमवार को, वे दुखी हैं क्योंकि उन्हें काम पर वापस जाना है। शेयर बाजार नीचे चला जाता है । मौसम के बारे में क्या, जैसे जब धूप होती है, शेयर बाजार ऊपर जाता है। जब बादल छाए रहते हैं, तो बाजार नीचे चला जाता है, इसी तरह जब उनका दिन छोटा हो जाता है, तो लोग मौसमी भावात्मक विकार से पीड़ित होते हैं। जब घड़ी बदलती है जो लोगों की नींद के पैटर्न को बिगाड़ देती है और इन सभी चीजों का असर शेयर बाजार पर पड़ता दिख रहा है। हालाँकि, इन पत्रों पर पूरी तरह से विश्वास नहीं किया गया है, 'क्योंकि लोग सोचते हैं, ठीक है, हाँ, एक सांख्यिकीय संबंध था, लेकिन यह एक नकली सहसंबंध के रूप में जाना जाता है। यह सिर्फ मौका था, डेटा में यादृच्छिक पैटर्न। और इसलिए इसका मतलब है कि लोग भाग्य के कारण भी प्रभाव पा सकते हैं।

तो अगर मैं 100 प्रतिगमन चलाने के लिए, 100 चर के साथ शेयर बाजार की भविष्यवाणी करने की कोशिश कर रहा था, भले ही वे चर बकवास थे, उनमें से पांच मौके के कारण 5% स्तर पर महत्वपूर्ण रूप से दिखाई देंगे। और हम जानते हैं कि कुछ पागल रणनीतियां हैं, जैसे कि आप अमेरिका में सुपरबॉवेल जीतते हुए स्पष्ट रूप से शेयर बाजार की भविष्यवाणी कर सकते हैं , भले ही शेयर बाजार पर इसका कोई प्रभाव नहीं होना चाहिए, क्योंकि यह अप्रासंगिक है। और वास्तव में, यह कुछ आलोचनाएँ हैं जो लोगों ने इन शुरुआती अध्ययनों में से कुछ के बारे में की थी, क्या वास्तव में मौसम शेयर बाजार को प्रभावित करता है, हाँ, ठीक है, मौसम आपके मूड को प्रभावित करता है यदि आप एक किसान हैं, यदि आप बाहर हैं, लेकिन लोग जो व्यापार स्टॉक वातानुकूलित और गर्म कार्यालयों द्वारा संरक्षित हैं।

तो मौसम को वास्तव में कोई फर्क नहीं पड़ना चाहिए, और क्या घड़ी के बदलाव से फर्क पड़ता है, है ना? तो, ठीक है, जब घड़ी बदलती है, तो आप नींद से वंचित हो जाते हैं, लेकिन जो कोई भी शेयरों का कारोबार करता है या निवेश बैंक में काम करता है, उसे पता चल जाएगा कि व्यापारी वास्तव में थोड़ी नींद लेने में अच्छे हैं, है ना? क्योंकि अगर घड़ी बदल जाती है, तो नींद का पैटर्न गड़बड़ा जाता है, उनके पास एस्प्रेसो का एक और शॉट होगा, वे पहले की तरह ही प्रभावी होंगे। तो मैं जो करना चाहता था वह एक मूड वेरिएबल को देखना था, जो इतना मजबूत था कि यह कुछ ऐसा था जिसे आप हीटिंग या एयर कंडीशनिंग या कुछ कॉफी डालकर बेअसर नहीं कर सकते थे। और इसलिए मैंने जो देखा वह शेयर बाजार पर खेल के परिणामों का प्रभाव था, है ना?

तो मैं खेल को क्यों देखता हूं? क्योंकि इससे बहुत बड़ा प्रभाव पड़ता है। इसलिए जब देश जीतते हैं, तो वे उत्साहित हो जाते हैं, अगर वे हार जाते हैं जैसे इंग्लैंड विश्व कप से बाहर

हो जाता है, तो आप पर बहुत नकारात्मक प्रभाव पड़ सकते हैं। और ये ऐसे प्रभाव हैं जो इतने मजबूत हैं कि वास्तव में स्वास्थ्य पर कुछ प्रभाव डाल सकते हैं। तो ऐसे अध्ययन हैं जो बताते हैं कि जब इंग्लैंड 1998 का विश्व कप अर्जेंटीना से पेनल्टी पर हार गया, तो दिल का दौरा पड़ गया। इसलिए दुर्भाग्य से लोग मर गए, 'क्योंकि इंग्लैंड दंड नहीं ले सका। और कनाडा में, जब मॉन्ट्रियल कैनाडीन्स स्टेनली कप से बाहर हो जाते हैं तो लोग आत्महत्या कर लेते हैं।

और इसलिए जबकि इंग्लैंड और कनाडा में, दुर्भाग्य से लोगों का अपना स्वास्थ्य प्रभावित होता है, संयुक्त राज्य अमेरिका में खुद को मारने के बजाय, दुर्भाग्य से लोग एक दूसरे को मारते हैं। इसलिए राष्ट्रीय फुटबॉल लीग प्लेऑफ़ से एक टीम के बाहर होने के बाद प्रमुख शहर में हत्याएं बढ़ जाती हैं। और इसलिए गंभीर चीजों की ओर मुड़ते हुए, इसका मतलब यह है कि खेल के परिणामों का प्रभाव इतना मजबूत हो सकता है कि यह लोगों की भावनाओं को प्रभावित कर सकता है, और यह प्रभावित कर सकता है कि वे शेयर बाजार में कैसे व्यापार करते हैं। और इसलिए मैं जो देखना चाहता था वह अंतरराष्ट्रीय खेल आयोजनों का प्रभाव था, क्यों? क्योंकि मैं प्रीमियर लीग फुटबॉल जैसा कुछ नहीं देख सकता था, क्योंकि अगर लिवरपूल ने चेल्सी को हरा दिया, जैसा कि सप्ताहांत में हुआ था, तो कुछ अंग्रेज खुश हैं और कुछ नाखुश हैं, और इसलिए यह कहना मुश्किल है कि समग्र शेयर बाजार का क्या होगा।

लेकिन अगर आप विश्व कप को देखें, ठीक है, अगर इंग्लैंड हार जाता है, तो पूरा इंग्लैंड परेशान है, और इससे शेयर बाजार में गिरावट आ सकती है। और हम प्रमुख खेलों को भी देखना चाहते हैं, क्योंकि जहां हर कोई मौसमी भावात्मक विकार से प्रभावित नहीं होता है, वहीं ब्रिटेन और फ्रांस में फुटबॉल जैसे खेल बहुत अधिक प्रभाव डालते हैं। और इसलिए हमने 1,100 अवलोकन, साथ ही कुछ अन्य खेलों को देखा, और हम अपने सह-लेखकों, डिएगो गार्सिया और ओविंद के साथ शेयर बाजार पर प्रभाव को देखना चाहते थे। और इसलिए यहां हमने जो पाया है। हमने पाया कि जब कोई देश विश्व कप से बाहर हो जाता है, तो अगले दिन शेयर बाजार आधा प्रतिशत गिर जाता है , भले ही शेयर बाजार को चलाने वाली अन्य चीजों पर नियंत्रण हो।

अब आप सोच सकते हैं, अच्छा, आधा प्रतिशत , क्या यह बहुत है? लगभग आधा प्रतिशत एक बड़ी राशि है, क्योंकि जब यूके के शेयर बाजार में लागू किया जाता है, तो शेयर बाजार से 10 बिलियन पाउंड का सफाया हो जाता है, सिर्फ इसलिए कि इंग्लैंड पेनल्टी किक नहीं ले सकता है, इससे शेयर बाजार में गोता लग सकता है। और साथ ही यह विश्व कप से भी ज्यादा मजबूत है जितना ट्रिक यूरोपीय चैंपियनशिप में है, क्यों? 'क्योंकि विश्व कप बड़ा मंच है, और यह क्वार्टर फाइनल की तरह एलिमिनेशन चरणों में मजबूत है, यदि आप हार जाते हैं, तो आप तुरंत बाहर हो जाते हैं। जबकि अगर आप ग्रुप स्टेज में हार जाते हैं, तब भी आप ठीक हो सकते हैं और जीत सकते हैं। और हम यह भी पता लगा सकते हैं कि यह सबसे

महत्वपूर्ण कहाँ है, है ना? इसलिए हमने शीर्ष सात फुटबॉल देशों को देखा। अब शीर्ष सात को डिजाइन नहीं किया गया है, क्षमता से नहीं, बल्कि कट्टरता से परिभाषित किया गया है, यही वजह है कि इंग्लैंड शीर्ष सात में गिना जा सकता है।

तो यह इंग्लैंड, फ्रांस, जर्मनी, स्पेन, इटली, अर्जेंटीना और ब्राजील है। और हमने पाया कि उन खेलों में भी, हमने इन देशों में पाया, हमने अन्य देशों की तुलना में अधिक मजबूत प्रभाव पाया। तो दूसरे देश फुटबॉल की परवाह नहीं करते, लेकिन उन्हें क्या फ़र्क पड़ता है? वे दक्षिण एशिया में क्रिकेट, रग्बी, आइस हॉकी और बास्केटबॉल जैसी अन्य चीजों की परवाह कर सकते हैं, और अन्य चार खेलों में से तीन में, हमने एक ही प्रभाव पाया कि नुकसान से शेयर बाजार में महत्वपूर्ण गिरावट आई, लेकिन वहाँ था जीत का कोई असर नहीं तो खेल केवल नकारात्मक परिणाम दे सकता है, और ऐसा क्यों है, शायद दो कारणों से। तो पहला कारण यह है कि, प्रतियोगिता प्रारूप में विषमता है। यदि आप हार जाते हैं, तो आप तुरंत बाहर हो जाते हैं। यदि आप जीत जाते हैं, तो आप अगले दौर में पहुंच जाते हैं, फिर भी आप हार सकते हैं। और दूसरे समर्थक 50 साल से नहीं, बल्कि 54 साल से अपनी टीम के जीतने की संभावनाओं के बारे में अत्यधिक आशावादी हैं, इंग्लैंड के प्रशंसकों ने सोचा है कि हम एक और बड़ी चैंपियनशिप जीतने वाले हैं, लेकिन ऐसा नहीं हुआ। इसलिए यदि आप हमेशा सोचते रहते हैं, तो आप जीतने वाले हैं ।

पहले मैं उह शुरुआती लोगों के लिए कम से कम एक या दो साल के लिए अत्यधिक सुझाव देता हूं मैं आपको जोखिम का पालन करने का सुझाव देता हूं प्रबंधन और स्थिति का आकार मेरा मतलब है कि अनुभवी भी उन्हें जोखिम प्रबंधन का पालन करना चाहिए और स्थिति का आकार बदलना मेरा मतलब है उह आवंटन अनुभवी लोगों के लिए स्थिति का आकार बढ़ाया जा सकता है क्योंकि आप पांच प्रतिशत के साथ बड़ा रिटर्न नहीं बनाने जा रहे हैं या तीन प्रतिशत आवंटन जो लंबी अवधि के निवेशकों के लिए कुछ है ठीक है इसका मतलब यह नहीं है कि उह आपको इसका पालन नहीं करना चाहिए यह बेहतर है कि आप कम से कम तीन प्रतिशत का पालन करें कम से कम एक शुरुआत के रूप में पांच से छह प्रतिशत या सात प्रतिशत निवेश करें स्थिति उह आपका मनोविज्ञान बहुत बेहतर होगा ।

5

यदि मूल्य कुशल था, यदि प्रत्येक प्रासांगिक जानकारी को कीमतों में शामिल किया गया था, तो इसका मतलब यह होगा कि निवेशक जानकारी पर कोई पैसा व्यापार नहीं कर

और यह एक महत्वपूर्ण प्रश्न क्यों है? क्योंकि यदि मूल्य कुशल था, यदि प्रत्येक प्रासंगिक जानकारी को कीमतों में शामिल किया गया था, तो इसका मतलब यह होगा कि निवेशक जानकारी पर कोई पैसा व्यापार नहीं कर सके। मान लीजिए कि आप जानते हैं कि वेनेजुएला में स्थिति आसान हो गई है और तख्तापलट की कोई संभावना नहीं है, आप शायद Apple स्टॉक खरीदना चाहें, क्योंकि आपको लगता है कि वे वेनेजुएला को और अधिक बेचने में सक्षम होंगे। लेकिन अगर बाजार कुशल था, तो स्टॉक की कीमत पहले से ही इसे ध्यान में रखेगी, और आप ऐप्पल स्टॉक पर व्यापार करके पैसा नहीं कमा पाएंगे। और यह केवल एक अमूर्त सिद्धांत या एक बौद्धिक अभ्यास नहीं है। इसका वास्तव में व्यावहारिक प्रभाव है कि लोग अपना पैसा कैसे निवेश करेंगे।

क्योंकि पिछले कुछ दशकों में हमने जो एक बड़ा घटनाक्रम देखा है, वह है पैसिव इंडेक्स फंड्स का उदय। तो इससे मेरा क्या मतलब है? इसलिए परंपरागत रूप से, यदि आप अपना

पैसा म्यूचुअल फंड में लगाते हैं, तो एक फंड मैनेजर होता है, और उसका काम निवेश करने के लिए विशेष स्टॉक चुनना होता है। इसलिए वह अलग-अलग कंपनियों पर शोध करेगी, वह ऐसे स्टॉक खरीदेगी जिनके बारे में उन्हें लगता है कि इसमें काफी संभावनाएं हैं। , और अन्य स्टॉक से बचें, और क्योंकि इसमें बहुत प्रयास और बहुत समय लगता है, आप आमतौर पर फंड मैनेजर को भुगतान करते हैं, मान लें कि उस फंड के मूल्य का 1%, शायद हर साल।

हालांकि, अगर वास्तव में बाजार कुशल है, तो कोई भी जानकारी जो फंड मैनेजर स्टॉक चुनते समय उपयोग कर रही है, वह पहले से ही बाजार में है। तो वास्तव में एक फंड मैनेजर होने का कोई मतलब नहीं है, क्योंकि फंड मैनेजर सिर्फ पुरानी जानकारी पर व्यापार कर रहा होगा जो पहले से ही शामिल है, और इसलिए यह निष्क्रिय इंडेक्स फंड के उदय की व्याख्या करता है। तो उन फंडों में, कोई फंड मैनेजर नहीं है, यह सिर्फ एक कंप्यूटर स्टॉक चुनता है, कंप्यूटर सिर्फ होल्ड करना चुनता है, मान लीजिए कि एफटीएसई 350 के भीतर हर स्टॉक है। विचार यह है कि कोई भी स्टॉक किसी अन्य से बेहतर नहीं है।

कुछ कंपनियां हैं जो वास्तव में अच्छा कर रही हैं, लेकिन अगर बाजार जानता है कि वे वास्तव में अच्छा कर रहे हैं, तो कीमत महंगी है, इसलिए वे खराब प्रदर्शन करने वाली कंपनी की तुलना में बेहतर निवेश नहीं हैं, इसलिए आप सब कुछ भी पकड़ सकते हैं, और विविधीकरण लाभ प्राप्त करें, इस महंगे फंड मैनेजर को भुगतान करने का कोई मतलब नहीं है, इसलिए इंडेक्स फंड खरीदने के बजाय, आप 1% के बजाय 0.1% का भुगतान कर सकते हैं। तो इसके बड़े व्यावहारिक निहितार्थ हैं। क्या हम सक्रिय शेयरों का व्यापार करना चाहते हैं, या केवल बाजार को निष्क्रिय रूप से पकड़ना चाहते हैं, और अभी विविधता लाना चाहते हैं , ऐसा क्यों है कि लोग आज भी सक्रिय प्रबंधन में विश्वास करेंगे, मेरे द्वारा दिए गए तर्कों के बावजूद? ऐसा इसलिए है क्योंकि कीमतें मनुष्यों और मनुष्यों द्वारा निर्धारित की जाती हैं, जैसा कि मैंने शुरुआत में ही उल्लेख किया है, वे गलतियाँ करते हैं। हो सकता है कि वे सभी उपलब्ध जानकारी को ध्यान में न रखें, इसलिए कीमतें गलत हो सकती हैं।

और हम जानते हैं कि भले ही एक तर्कसंगत दुनिया में, कीमतों को तर्कसंगत रूप से इस समीकरण के बराबर होना चाहिए, दुनिया भर के लोग विस्तृत गणना किए बिना बहुत गंभीर निर्णय लेते हैं। और इसलिए दो कारण हैं कि यह समीकरण क्यों नहीं हो सकता है, और कीमतें कुशल नहीं हो सकती हैं। तो पहला कारण यह है कि लोगों के पास प्रासंगिक जानकारी नहीं हो सकती है। इसलिए यदि आप Apple का व्यापार करने वाले एक स्टॉक विश्लेषक हैं, तो आप तकनीकी क्षेत्र को देख रहे होंगे, आप अमेरिकी शेयर बाजार को देख रहे होंगे , लेकिन हो सकता है कि आप प्रदिन में केवल 20 घंटे काम कर रहे हों, और इसलिए आप बस डॉन 'वेनेजुएला में क्या हो रहा है, यह देखने का समय नहीं है, इसलिए आपके पास जानकारी नहीं है।

लेकिन दूसरी समस्या और भी दिलचस्प है कि मान लीजिए कि आपके पास जानकारी है। यहां तक कि अगर आपके पास जानकारी है, तो आप जानकारी को नहीं समझ सकते हैं, और विशेष रूप से, आप मनोवैज्ञानिक पूर्वाग्रहों के कारण पक्षपातपूर्ण तरीके से जानकारी का जवाब दे सकते हैं जिसे मैं समझाऊंगा। और पहले दो के बीच का अंतर वास्तव में दिलचस्प है क्योंकि यह पोकर और शतरंज के बीच के अंतर जैसा है।

तो पोकर एक ऐसा खेल है जहाँ आपके पास सही जानकारी नहीं है, ठीक है, आप पोकर में गलत निर्णय ले सकते हैं, क्योंकि आप दूसरे व्यक्ति के कार्ड नहीं देख सकते हैं, इसलिए आप सोच सकते हैं कि आप वास्तव में अच्छा कर रहे हैं, आप नहीं करते हैं। पता नहीं है कि आपका प्रतिद्वंद्वी वास्तव में रॉयल फ्लश पर बैठा है, और यदि आपके पास फोर-ऑफ-ए-काइंड है, तो आप वास्तव में इसे आजमाना चाहेंगे, हो सकता है कि आप बहुत अधिक बोली लगाना चाहें। लेकिन लोग सोचेंगे कि यह आजकल यथार्थवादी है, क्योंकि सूचना के बहुत सारे स्रोत हैं, हम एक बड़े डेटा की दुनिया में हैं, और हम कोई भी जानकारी प्राप्त कर सकते हैं जो हम चाहते हैं, तो क्या यह यथार्थवादी है कि हम सोचते हैं कि गलतियाँ हैं, क्योंकि लोग बेख़बर हैं?

तो यहीं दूसरा मुद्दा आता है शतरंज का खेल। तो, शतरंज के खेल में सही जानकारी है, है ना? हर कोई टुकड़ों को देख सकता है, यह पोकर की तरह नहीं है जब कुछ छिपा होता है, लेकिन शतरंज में भी, भले ही हम सभी जानकारी देख सकें, हम खो सकते हैं, सिर्फ इसलिए कि हम उस जानकारी को संसाधित करने में सक्षम नहीं हैं। ठीक है, कुछ लोग दूसरों की तुलना में बेहतर शतरंज खिलाड़ी होते हैं, और हम सिर्फ इसलिए गलती कर सकते हैं क्योंकि हम उस जानकारी के महत्व को नहीं समझते हैं। और इसलिए मुझे लगता है कि दक्षता में बाजार का विचार बहुत ही सम्मोहक है, यहां तक कि एक बड़े डेटा की दुनिया में, भले ही अब सूचना तक पहुंच पहले से कहीं अधिक हो, क्योंकि यह जानना वास्तव में मुश्किल है कि कौन सी जानकारी विश्वसनीय है, और भरोसेमंद, और उस जानकारी का उपयोग कैसे करें, गलतियाँ की जा सकती हैं, और इसलिए यह सक्रिय स्टॉक-पिकिंग के लिए एक भूमिका देता है। अब आप सोच सकते हैं, हाँ, लोग गलतियाँ करते हैं, लेकिन वे गलतियाँ रद्द क्यों नहीं हो जातीं, है ना? मानवीय त्रुटि है, लेकिन यदि मानवीय त्रुटि यादृच्छिक है, तो वह धुल जाएगी। तो मान लीजिए कि एंड्रिया हमेशा स्टॉक के बारे में आशावादी है, और प्रकाश हमेशा स्टॉक के बारे में निराशावादी है।

वे गलतियाँ करते हैं, लेकिन अगर एंड्रिया बहुत अधिक खरीदता है , और प्रकाश बहुत अधिक बेचता है, तो वे रद्द करने वाले हैं, और समग्र शेयर बाजार पर कोई प्रभाव नहीं पड़ने वाला है । लेकिन यहां महत्वपूर्ण बात यह है कि जिसे आप एंड्रिया और प्रकाश के नाम से जानते हैं, वह मानव मनोविज्ञान है। क्यों, क्योंकि वे दोनों इंसान हैं, जब वे गलतियाँ करते हैं, तो वे एक ही दिशा में गलतियाँ करने वाले होते हैं। उदाहरण के लिए, हमने सहस्राब्दी के मोड़ के इंटरनेट बुलबुले में क्या देखा? यह सिर्फ एंड्रिया इस तथ्य के बारे में उत्साहित नहीं

था कि ये स्टॉक थे जो वास्तव में अच्छा प्रदर्शन कर रहे थे, और उन्हें बहुत अधिक बोली लगा रहे थे। उसी समय, प्रकाश शायद बुलबुला पर था, और इस उन्माद के बारे में अत्यधिक उत्साहित हो गया था, और यदि वे उसी दिशा में गलती कर रहे हैं, तो वे उन शेयरों को खरीदने जा रहे हैं, और इसी तरह, एक दुर्घटना में, जब लोग भयभीत होंगे, लोग भाग रहे होंगे, किसी भी प्रकार के मनोविज्ञान की तरह, जैसे कि यदि आप पर एक मकड़ी द्वारा हमला किया जा रहा है, तो अधिकांश लोग उससे दूर भागेंगे, क्योंकि यह सामान्य मनोवैज्ञानिक पूर्वाग्रह है जिसे लोग पसंद नहीं करते हैं।

ऐसे दिखने वाले जानवर। तो इसे देखते हुए, यह देखते हुए कि लोगों ने ये गलतियाँ की हैं, सवाल यह है कि मनोवैज्ञानिक शोध के आधार पर लोग क्या गलतियाँ करते हैं, और फिर उन गलतियों का उपयोग करके, क्या हम यह अनुमान लगा सकते हैं कि समग्र शेयर बाजार का क्या होने वाला है? और इसलिए मैं यहां जो कुछ करना चाहता हूं, वह कुछ सबसे सामान्य गलतियों को लेना है जिन्हें प्रलेखित किया गया है। और गलतियों में से एक है ओवररिएक्शन, यह तथ्य कि लोग सूचनाओं के छोटे-छोटे टुकड़ों से अति-व्याख्या करते हैं। तो एक उदाहरण है, मान लीजिए कि इस सप्ताह के अंत में आप फुटबॉल स्टेडियम नहीं जा सकते हैं, लेकिन मान लीजिए कि आप एक फुटबॉल मैच देखते हैं, और मान लीजिए कि एक टीम है, मुझे लगता है कि यह तीसरा गेम होगा।

सीज़न में, हमारी टीम ने लगातार तीन गेम गंवाए हैं। खैर, क्या है होने वाला है? लोग मैनेजर को नौकरी से निकालने की मांग करेंगे। खैर, इससे कोई फर्क नहीं पड़ता कि वह पिछले दो सीज़न में सफल रहा था, अगर आप तीन गेम हारते हैं, तो लोग आपके बारे में बहुत परेशान होंगे। और फिर इसके विपरीत, यदि आप एक स्ट्राइकर हैं, और आपने लगातार तीन गेम बनाए हैं, तो लोग सोचेंगे, अच्छा, यह स्ट्राइकर अद्भुत होगा, चलो उसे खरीदते हैं, और वे उसकी कीमत बहुत अधिक बढ़ा देंगे . तो इसका मतलब यह है कि लोग जानकारी के छोटे-छोटे टुकड़ों से बहुत आगे निकल जाएंगे, और जब वास्तव में यादृच्छिकता होगी, तो वे पैटर्न देखेंगे, और आप में से कुछ लोग नसीम को जानेंगे तालेब की किताब, "फूल्ड बाय रैंडमनेस" जहां आप मौके की घटनाओं से अधिक विस्तार करते हैं। क्यों, क्योंकि 38-गेम सीज़न के दौरान, कई बार ऐसा होता है कि आप लगातार तीन गेम हारते हैं, ठीक उसी तरह जैसे कि एक सिक्का उचित है, अगर आप इसे 38 बार उछालते हैं, तो बस सांख्यिकीय रूप से, आप हैं तीन सिर की धारियाँ,या तीन पूंछ की धारियाँ खोजने वाला ।

इसका मतलब यह नहीं है कि सिक्का तीन नुकसान की धारा से अधिक पक्षपाती है, इसका मतलब यह है कि प्रबंधक ने अपना स्पर्श खो दिया है। अब इसे खेल के मैदान से शेयर बाजार में अनुवाद करते हैं। तो शेयर बाजार में ओवररिएक्शन का क्या मतलब है? खैर, इसका मतलब यह हो सकता है कि यही बुलबुले का कारण है । तो चलिए वापस इंटरनेट बबल पर चलते हैं। इसके कारण क्या हुआ? खैर, टेक शेयरों के बारे में कुछ अच्छी खबर आई।

हो सकता है कि कोई निश्चित कंपनी थी जिसने पिछले छह महीनों में अपने राजस्व को दोगुना कर दिया था, लेकिन फिर निवेशक इस बारे में वास्तव में उत्साहित हो गए, और सोचा, ठीक है, शायद वे अगले छह महीनों में अपने राजस्व को दोगुना करते रहेंगे, और अगले छह महीनों में, नहीं यह महसूस करते हुए कि एक निश्चित समय पर, प्रतियोगी आएंगे, और इसे दूर कर देंगे, या शायद व्यवसाय परिपक्व हो जाएगा और यह इतना विकसित नहीं हो सकता है, इसलिए वे थोड़ी सी जानकारी से अति-व्याख्या करेंगे। तो यह देखते हुए कि निवेशक कैसे कर सकते हैं, कैसे समझदार, तर्कसंगत निवेशक इसका फायदा उठा सकते हैं, जिसे रिवर्सल रणनीति के रूप में जाना जाता है। तो मान लीजिए कि हम सितंबर, 2020 में यहां खड़े हैं, हम यूके के शेयर बाजार के उन सभी शेयरों को ले सकते हैं जिन्होंने पिछले तीन वर्षों में वास्तव में अच्छा प्रदर्शन किया है, और आइए उन शेयरों को विजेता कहते हैं।

और फिर आप उन शेयरों को भी ले सकते हैं जिन्होंने पिछले तीन वर्षों में वास्तव में खराब प्रदर्शन किया है, और हम उन्हें हारे हुए कहेंगे, और हम हारने वालों को खरीदेंगे, और विजेताओं को बेचेंगे, इसलिए मैंने इसे एक कहा है उलटा रणनीति, कुछ लोग इसे एक विपरीत रणनीति कहते हैं, और अगर हम हारने वालों को खरीदते हैं और विजेताओं को बेचते हैं, तो यह पता चलता है कि अगले तीन वर्षों में, यह उलट है।

तो पिछले तीन साल के हारने वाले अब अगले तीन साल के विजेता बन जाते हैं। और इसका क्या अर्थ है कि, एक हारा हुआ स्टॉक क्या है? यह कुछ ऐसा है जिसे हल्के से बुरी खबर का सामना करना पड़ा, लेकिन बाजार ने अधिक विस्तार किया, और सोचा कि खबर वास्तव में खराब थी, और इसलिए स्टॉक को अत्यधिक बेच दिया, और इसके विपरीत एक विजेता स्टॉक के साथ, उनके पास हल्की अच्छी खबर थी, लेकिन लोग अत्यधिक उत्साहित हो गए, और यही कारण है कि आपके पास इंटरनेट बुलबुला जैसी चीजें हैं, न कि केवल इंटरनेट बुलबुला, अचल संपत्ति बुलबुला, जैव प्रौद्योगिकी बुलबुला, यहां तक कि नीदरलैंड में ट्यूलिप बुलबुला, और तथ्य यह है कि हम पूरे इतिहास में इन बुलबुले को देखते रहते हैं, इसका मतलब है कि वहां होना चाहिए हो, यह काफी संभावना है, कि कुछ एकीकृत मनोवैज्ञानिक पूर्वाग्रह हैं, जो उन सभी का कारण बनता है, और मुझे लगता है कि सबसे प्रशंसनीय लोगों में से एक अतिरंजना का विचार है।

तो यह एक ऐसी रणनीति है जिसे लोग वास्तव में खेलते हैं, आप कई निवेशकों को जानते होंगे, जो विपरीत निवेशकों के रूप में जाने जाते हैं, जो इन पिटे हुए शेयरों को खरीदना चाहते हैं। एक और सरल चीज जो आप कर सकते हैं, और एक अन्य मुख्य प्रकार की निवेश रणनीति को मूल्य निवेश के रूप में जाना जाता है। तो मूल्य निवेश से मेरा क्या मतलब है? तो सबसे आम वित्तीय अनुपातों में से एक जो आप देखेंगे कि यदि आपने फाइनेंशियल टाइम्स खोला है तो वह मूल्य, आय अनुपात है। यह आपको दिखाता है कि एक पाउंड की कमाई वाली कंपनी प्राप्त करने के लिए आपको कितना भुगतान करना होगा। तो मान

लीजिए कि दो कंपनियां हैं, वे दोनों आज एक पाउंड कमा रही हैं, यानी आज प्रति शेयर उनका लाभ एक पाउंड है, उनमें से एक कंपनी की लागत पांच पाउंड है, और दूसरी कंपनी की लागत 20 पाउंड है।

आप सोच सकते हैं, ठीक है, यह पागल है, एक पाउंड की कमाई के लिए कुछ की कीमत 20 क्यों होगी? जबकि दूसरे की कीमत केवल पांच है, ठीक है, तर्कसंगत कारण, यदि आप यूजीन किसान को मानते हैं, तो यह विकास के कारण है। ठीक है, जिसकी कीमत 20 है, हाँ, यह आज केवल एक पाउंड की कमाई है, लेकिन भविष्य में उनके बहुत आगे बढ़ने की उम्मीद है, और इसलिए आप दूसरे के लिए सिर्फ पाँच के बजाय 20 का भुगतान करने को तैयार हैं जिस कंपनी की ग्रोथ धीमी है। लेकिन यह सच है कि अगर दुनिया तर्कसंगत है, तो कीमतों में अंतर को विकास की संभावनाओं में अंतर से पूरी तरह से समझाया जा सकता है, लेकिन अगर हम तर्कहीनता की अनुमति देते हैं, तो यह हो सकता है कि एक कंपनी कीमत पर कारोबार कर रही है, कमाई का अनुपात 20 सिर्फ अतिरंजना, और अतिउत्साह के कारण है ।

हां, इसमें विकास की अच्छी संभावनाएं हैं, लेकिन शायद बाजार को लगता है कि इसमें विकास की अद्भुत संभावनाएं हैं। और इसलिए यह स्टॉक पॉइंट्स को बहुत अधिक बोली लगाता है। फिर से, यह परिकल्पना है, और फिर, हम शोधकर्ताओं के रूप में क्या करते हैं, हम परीक्षण करते हैं कि डेटा के साथ, और वास्तव में एक बहुत प्रसिद्ध अध्ययन ने एक बहुत ही सरल व्यापारिक रणनीति को देखा जहां आप मूल्य स्टॉक खरीदते हैं, उनके पास कम कीमत, कमाई अनुपात है। वे कमाई की दी गई राशि के लिए सस्ते हैं, आप उच्च कीमत नहीं दे रहे हैं। आइए उन मूल्य शेयरों को खरीदते हैं, और ग्लैमर स्टॉक बेचते हैं, इसलिए वे उच्च कीमत, आय अनुपात वाले स्टॉक हैं, जैसे कि वे तकनीकी दिग्गज होंगे जिन्हें हम अभी देखते हैं। और उन्होंने जो पाया वह यह था कि लंबी अवधि में, जो आम तौर पर पैसा कमाते थे।

तो वे पीटे गए, आउट-ऑफ-फ़ेवर स्टॉक ग्लैमरस से बेहतर प्रदर्शन करेंगे। मुझे विराम दें, बस यह उजागर करने के लिए कि वे व्यापारिक रणनीतियाँ कितनी पागल हैं, और यह शेयर बाजार का कितना अक्षम है, क्योंकि इस रणनीति को लागू करने के लिए, आपको केवल यह जानने की जरूरत है कि आपको यह जानने की जरूरत है कि स्टॉक ने अतीत में कितना अच्छा प्रदर्शन किया था। 36 महीने, क्योंकि अगर आपने बुरा किया, तो आप इसे खरीदना चाहते हैं, और यह कीमत, कमाई का अनुपात भी है, क्योंकि अगर यह धीमा है, तो आप इसे खरीदना चाहते हैं।

आपको यह जानने की जरूरत नहीं है कि कंपनी का नाम क्या है, आपको यह जानने की जरूरत नहीं है कि यह किस उद्योग में है, आपको यह जानने की जरूरत नहीं है कि सीईओ कौन है, आपको बस उन पर गौर करना है आँकड़े, और वास्तव में, यही कारण है कि अब हमारे पास बहुत सारे कंप्यूटर-संचालित फंड हैं, जो विशुद्ध रूप से अपने हालिया प्रदर्शन,

इसके मूल्यांकन अनुपात और कुछ अन्य कारकों के आधार पर व्यापार करेंगे, जो इस तथ्य को उजागर करते हैं कि वास्तव में बाजार अक्षम हो सकता है। ठीक है, तो यह एक पूर्वाग्रह है जो लोग करते हैं, वे अति-अतिरिक्त करते हैं, लेकिन मुझे दूसरी सामान्य गलती पर जाने दें जो लोग करेंगे, और यह अंडर-रिएक्शन का विचार है। और अंतर्निहित विश्वास क्या है, कम प्रतिक्रिया का कारण क्या है? तो प्रसिद्ध कारणों में से एक पुष्टिकरण पूर्वाग्रह है, और यही वह चीज है जिसके बारे में मैंने पिछले साल आई ग्रेशम व्याख्यान में बात की थी जिसे "क्रिटिकल थिंकिंग" कहा जाता है।

और मेरी टेड वार्ता भी, "एक सत्य के बाद की दुनिया में क्या भरोसा करें।" और पुष्टिकरण पूर्वाग्रह के बारे में विचार यह है कि हम किसी भी समाचार या किसी भी जानकारी से जुड़े रहेंगे जो पुष्टि करता है कि हम क्या सच होना चाहते हैं, और हम किसी भी जानकारी को अस्वीकार कर देंगे जो इसके विपरीत है, और वास्तव में बहुत से लोग सोचते हैं कि यह शर्तों में चल रहा था महामारी की धीमी प्रतिक्रिया के कारण। इसलिए जब इस बात के सबूत मिले कि इसे गंभीरता से लेना चाहिए, तो कुछ धीमी गति से निगमन हुआ, क्योंकि लोग नहीं चाहते थे कि यह सच हो । वे विश्वास नहीं कर सकते थे कि एक महामारी अर्थव्यवस्था में एक बड़ी समस्या पैदा कर सकती है, और इसलिए लोग प्रतिक्रिया करने में धीमे थे, वे इस पर विश्वास नहीं करना चाहते थे।

अब फिर से, मैं इसे प्राकृतिक दुनिया से दूर शेयर बाजार में अनुवाद करता हूं। तो शेयर बाजार में अंडररिएक्ट करने का क्या मतलब है? ठीक है, चलो वापस चलते हैं , 1970 तक नहीं, लेकिन 1981 में वापस चलते हैं, और आप एक विश्लेषक हैं, और आप कोडक को देख रहे हैं, और कोडक ने 1981 में अपनी फिल्म के लिए 10 बिलियन डॉलर की बिक्री को पार कर लिया था। व्यापार। लेकिन उसी साल सोनी माविका ने डिजिटल कैमरा लॉन्च किया। अब, आप कैसे प्रतिक्रिया देते हैं? खैर, कई निवेशकों ने जो जवाब दिया, वह कुछ भी नहीं था।

जैसा उन्होंने सोचा था, ये डिजिटल कैमरे कैसे काम लेना शुरू कर सकते हैं? जैसे कोडक इतनी बड़ी कंपनी है, इसकी 10 अरब डॉलर की बिक्री हुई है, वे इस तथ्य को समझ नहीं पाए कि यह व्यवसाय कुछ दशकों में पूरी तरह से गायब हो सकता है।

और इसलिए यदि ऐसा होता है, तो हम जो पाते हैं वह सूचना के प्रति प्रतिक्रिया नहीं है, विशेष रूप से जब ऐसी जानकारी होती है जो हमारे पूर्व विश्वास के विरुद्ध जाती है, तो हम आम तौर पर अपने सिर को रेत में दबा देंगे और इसे अनदेखा कर देंगे, क्योंकि पुष्टिकरण पूर्वाग्रह के इस मजबूत विचार के कारण। आप सोच सकते हैं, ठीक है, क्या मैंने आपको भ्रमित नहीं किया है, क्योंकि पिछली स्लाइड पर, मैंने कहा था कि लोग ओवररिएक्ट करते हैं, और अब मैं कह रहा हूं कि लोग अंडर-रिएक्ट करते हैं, ठीक है, यह थोड़ा भ्रमित करने वाला है, हम कैसे जानते हैं कि लोग अंडररिएक्ट या ओवररिएक्ट? खैर, यहाँ बात है, यह समय के पैमाने पर निर्भर करता है। लोग लंबी अवधि में ओवररिएक्ट करते हैं, लेकिन वे अल्पावधि में जानकारी पर कम प्रतिक्रिया देते हैं।

और इसलिए इसका मतलब है कि एक ट्रेडिंग रणनीति के संदर्भ में, आइए उसी ट्रेडिंग रणनीति का प्रयास करें जो हमारे पास पिछली बार विजेताओं और हारने वालों के लिए थी। लेकिन आइए अब विजेताओं को उन शेयरों के रूप में परिभाषित करें जिन्होंने पिछले छह महीनों में अच्छा प्रदर्शन किया है, और हारे हुए शेयरों के रूप में जिन्होंने पिछले छह महीनों में भी खराब प्रदर्शन किया है। इसलिए हम पिछले छह महीने के प्रदर्शन को देख रहे हैं, पिछले 36 महीनों में नहीं, और यह पता चला है कि अब अगर हम सिर्फ छह महीने पहले के सबसे हालिया प्रदर्शन को देखें, तो हम विजेताओं को खरीदना चाहते हैं और हारने वालों को बेचना चाहते हैं, क्योंकि अगले छह महीनों में, सबसे हाल के विजेता विजेता बने रहते हैं, और सबसे हाल के हारने वाले हारे हुए रहते हैं। इसलिए जब लंबी अवधि में हमारे पास उलटफेर होता है, तो कुछ ऊपर जाता है, और फिर नीचे चला जाता है, अल्पावधि में, हमारे पास गति होती है। तो यहाँ क्या व्याख्या है?

ठीक है, यह है कि अगर कोई ऐसी कंपनी है जिसके पास कुछ अच्छी खबरें थीं और स्टॉक की कीमत बढ़ने में मदद करती है, लेकिन यह पूरी तरह से ऊपर नहीं जाती है, तो क्यों? हो सकता है कि लोग जानकारी पर ध्यान न दें, या वे जानकारी को नोटिस करते हैं, लेकिन वे इसे अनदेखा कर देते हैं, क्योंकि यह उनकी पूर्व धारणा के विरुद्ध है। शायद उनके मन में हो, यह कंपनी सिर्फ एक डेडबीट कंपनी है, जो कभी भी कुछ रोमांचक नहीं करने वाली है। हां, सकारात्मक जानकारी है, लेकिन मैं इसे अनदेखा कर रहा हूं, लेकिन वास्तव में स्टॉक बाद में बढ़ता रहता है, क्यों? क्योंकि वह जानकारी वास्तव में अच्छी थी, लेकिन लोगों ने उसे नज़रअंदाज़ कर दिया, और यह ठीक उसी तरह है जैसे COVID महामारी के प्रति प्रतिक्रिया, अच्छी तरह से, कम प्रतिक्रिया थी। और इसी तरह नीचे की तरफ, है ना? हारने वाली कंपनी के साथ क्या होता है?

यह नकारात्मक था, काफी बुरी खबर थी, लेकिन लोगों ने इसे कम करके आंका और यह काफी नीचे नहीं गया। अब इसके बारे में कुछ दिलचस्प फॉलोअप भी हैं। अब यह अध्ययन पहली बार 1993 में जगदीश और टिपमैन नामक दो लोगों द्वारा शीर्ष अकादमिक वित्त पत्रिका जर्नल ऑफ फाइनेंस में प्रकाशित किया गया था। लेकिन आप सोच सकते हैं कि ये लोग पागल थे। उन्होंने अध्ययन क्यों प्रकाशित किया? उन्हें इस अध्ययन को अपने तक ही रखना चाहिए था, शेयर बाजार में कारोबार करना चाहिए था, और ढेर सारा पैसा कमाना चाहिए था। उन्होंने इसका पर्दाफाश क्यों किया, और दुनिया में सभी को बताया कि यह रणनीति है? खैर, जो वास्तव में दिलचस्प है वह यह है कि आठ साल बाद 2001 में, उन्होंने इस अध्ययन को फिर से किया, और उन्होंने पाया कि गति अभी भी लाभदायक थी। और यह मेरे विचार पर वापस जाता है कि इन रणनीतियों का कारण मनोवैज्ञानिक पूर्वाग्रह है। इसलिए वैज्ञानिक अध्ययनों से भी मनोवैज्ञानिक पूर्वाग्रह को खत्म करना वास्तव में कठिन है। तो उस मकड़ी की छवि पर वापस जाएं।

अगर मैंने तुमसे कहा, देखो, यह मकड़ी सचमुच सुरक्षित है, मैंने एक वैज्ञानिक प्रयोग किया है। अगर मैं उस मकड़ी को आप पर छोड़ दूं, तो भी आप भाग जाएंगे क्योंकि आप मकड़ियों को पसंद नहीं करते हैं, और इसी तरह , अगर अध्ययनों से पता चलता है कि आप पुष्टिकरण पूर्वाग्रह से पीड़ित हैं, तो आपको वास्तव में विश्वास बदलना चाहिए, और जानकारी पर प्रतिक्रिया करनी चाहिए, और अधिक खुले विचारों वाले हों, लोग अभी भी इसे नहीं बदलेंगे, और हमारे पास अभी भी ऐसी जानकारी को अस्वीकार करने की प्रवृति होगी जो इस बात की पुष्टि नहीं करती है कि वे क्या सच होना चाहते हैं।

और आप सोच सकते हैं, ठीक है, 2001 जो अभी भी 19 साल पहले था, मैं अभी यह पेपर क्यों प्रस्तुत कर रहा हूँ? खैर, एक और हालिया अध्ययन है, जिसे "वैल्यू एंड मोमेंटम एवरीवेयर" कहा जाता है, जो यह पाता है कि हाल के समय में भी, हम अभी भी गति की लाभप्रदता देखते हैं, और यहां हर जगह वास्तव में दिलचस्प है, क्योंकि मूल अध्ययन के दौरान शेयरों को देखा, और अमेरिका में, इस अध्ययन ने न केवल स्टॉक को देखा, इसने बांडों को देखा, इसने मुद्राओं को देखा, इसने वस्तुओं को देखा, न कि केवल अमेरिका में, इसने यूरोप और एशिया को देखा, दुनिया भर में, और यह पाया गया कि लगभग सभी मामलों में, आपको वह मूल्य रणनीति दोनों मिली, जो इस तथ्य का फायदा उठाती है कि लोग ग्लैमर से अत्यधिक उत्साहित हो जाते हैं, और गति की रणनीति, जो इस तथ्य का फायदा उठाती है कि लोग सूचना पर कम प्रतिक्रिया देते हैं, और फिर, मुझे लगता है कि यह आश्वस्त करने वाला है, क्यों? क्योंकि जो चीज इंसानों को एकजुट करती है, चाहे वे एशिया या यूरोप या अमेरिका में हों, और चाहे वे स्टॉक, या बॉन्ड, या मुद्राओं का व्यापार करते हों, क्या वे सभी मनोवैज्ञानिक पूर्वाग्रहों से ग्रस्त हैं।

अब हम इसमें गहराई से खुदाई कर सकते हैं, और यह और भी दिलचस्प हो जाता है, लेकिन क्योंकि यह क्या चला रहा है, तथ्य यह है कि हम गति पर पैसा कमा सकते हैं, यह तथ्य है कि लोग गलतियाँ करते हैं, और वे गलतियाँ कर सकते हैं, क्योंकि वे सिर्फ किसी विशेष कंपनी के बारे में जानकारी नहीं है। ठीक है, अगर यह सच है, तो हमें इसे विशेष रूप से छोटे शेयरों में स्पष्ट रूप से देखना चाहिए। क्यों? क्योंकि वोडाफोन या ऐप्पल जैसे बड़े शेयरों में, उन्हें हर समय कवरेज मिल रहा है, हम अखबार में देख सकते हैं कि क्या हो रहा है, इसलिए ज्यादातर जानकारी शायद पहले से ही बाजार में होने वाली है, लेकिन एक बहुत छोटी कंपनी है, जो नहीं है पहले पन्ने पर, उन्हें नज़रअंदाज किया जा सकता है।

और इसी तरह इक्विटी विश्लेषकों, वे गोल्डमैन सैक्स और मॉर्गन स्टेनली जैसी संस्थाएं हैं, जो कंपनियों के बारे में रिपोर्ट लिखते हैं, वे जानकारी फैलाने का एक तरीका हैं, इसलिए कई इक्विटी विश्लेषकों के बिना स्टॉक उनका अनुसरण करते हैं, वे ऐसे स्टॉक भी हो सकते हैं जिनके बारे में औसत व्यक्ति को जानकारी नहीं है और जानकारी पर प्रतिक्रिया नहीं दे रहा है। और वास्तव में एक बहुत ही चतुर अनुवर्ती अध्ययन में पाया गया कि गति, सूचना की धीमी प्रतिक्रिया, विशेष रूप से छोटे शेयरों में और कम विश्लेषक कवरेज वाले शेयरों में

स्पष्ट है। ठीक है, तो आइए अब एक जाँच करें कि हमने अब तक जो सीखा है वह यह है कि शेयर बाजार अक्षम है।

यह कभी-कभी ओवररिएक्ट करता है, लेकिन यह विशेष रूप से अल्पावधि में कम प्रतिक्रिया करता है। तो मेरा अगला हिस्सा है, ठीक है, हाँ, शेयर बाजार कम प्रतिक्रिया करता है, लेकिन यह किस पर प्रतिक्रिया करता है? और यहाँ वह है जो वास्तव में आश्चर्यजनक है, क्योंकि आप सोच सकते हैं, हाँ, आप वेनेजुएला में सैन्य स्थिति में बदलाव जैसी सूचनाओं पर कम प्रतिक्रिया देने वाले हैं, क्योंकि लोग शायद ध्यान नहीं दे रहे हैं, लेकिन यह वास्तव में पता चलता है कि शेयर बाजार कम प्रतिक्रिया करता है यहां तक कि सबसे बुनियादी जानकारी, और कंपनियों के बारे में सबसे बुनियादी जानकारी के लिए वे कितना लाभ कमाते हैं, है ना? इसलिए संयुक्त राज्य में हर तीन महीने में, कंपनियां घोषणा करती हैं कि वे कमाई कर रहे हैं, और हर कोई इस बात पर ध्यान देता है कि जब कोई कंपनी अपनी कमाई की घोषणा करती है तो क्या होता है।

वास्तव में बहुत चिंता है कि निवेशक वास्तव में अल्पकालिक आय पर बहुत अधिक ध्यान देते हैं, और वे भविष्य के बारे में पर्याप्त नहीं सोच रहे हैं। तो क्या होता है जब कोई कंपनी अपनी कमाई की घोषणा करती है कि इससे पहले कि वे घोषणा करते हैं, आपके पास ये इक्विटी विश्लेषक हैं, जैसे गोल्डमैन सैक्स और मॉर्गन स्टेनली, भविष्यवाणी करते हैं कि वे क्या सोचते हैं कि कमाई क्या होगी, और इसे कमाई का पूर्वानुमान कहा जाता है। और इसलिए जब वास्तविक कमाई सामने आती है, तो हमें कैसे पता चलता है कि घोषणा अच्छी खबर थी या बुरी खबर? आप इसकी तुलना इस बात से करते हैं कि लोग क्या सोचते थे कि यह पहले से होने वाला है। और इसलिए यदि वास्तविक आय पूर्वानुमानित आय से अधिक है, जिसे सकारात्मक आय आश्चर्य के रूप में जाना जाता है, तो बाजार सकारात्मक रूप से आश्चर्यचकित था, क्योंकि कंपनी ने अपेक्षा से भी बेहतर प्रदर्शन किया था। और इसी तरह आपके पास नकारात्मक कमाई आश्चर्य है।

तो इस अध्ययन ने जो किया वह निम्नलिखित था, इसने स्टॉक लिया, और इसने उन्हें बाल्टियों में विभाजित कर दिया, लेकिन अब वे उन्हें पिछले प्रदर्शन पर नहीं, बल्कि कमाई के आश्चर्य के परिमाण पर बाल्टी में विभाजित करते हैं। तो आपके पास कुछ कंपनियां थीं जिन्होंने अपनी कमाई की घोषणा करते समय वास्तव में अच्छा प्रदर्शन किया था, और वे यहां बाल्टी 10 में होंगे। तो उनके पास जो कुछ भी है, मुझे इस ग्राफ में मिला है। यह अध्ययन बहुत पहले लिखा गया था, यही कारण है कि आरेख इस तरह दिखता है। तो शून्य दिन पर, लेकिन आप उस तारीख को देखते हैं जिसमें कमाई की घोषणा की जाती है, और आश्चर्य की बात नहीं है कि समस्या का इरादा नहीं था, लेकिन आश्चर्य की बात नहीं है कि सबसे अच्छी कमाई वाली कंपनियों ने कमाई के दिन स्टॉक की कीमत में उछाल दिया था घोषणा। यह समझ में आता है, ठीक है, यह अच्छी खबर है जब किसी कंपनी की कमाई उम्मीदों को हरा देती है, लेकिन यहां वास्तव में दिलचस्प बात यह है कि यह बाद में बढ़ती

रहती है।

इसलिए शेयर बाजार वास्तव में प्रतिक्रिया देने में धीमा है, यहां तक कि महत्वपूर्ण और कमाई के रूप में महत्वपूर्ण जानकारी के लिए भी। तो इसका मतलब है कि, मान लीजिए कि आप कमाई की घोषणा के 20 दिन बाद थे, और आप अपने दोस्त से कहते हैं, ओह, आप जानते हैं, ऐप्पल, 20 दिन पहले, उन्होंने मुनाफे की अच्छी घोषणा की थी। आइए Apple स्टॉक खरीदें। आपका दोस्त कहेगा, वह पागल है, वह पुरानी खबर है, जो 20 दिन पहले हुई थी, आप पुरानी खबरों पर पैसा कैसे कमा सकते हैं? लेकिन आप वास्तव में सही होंगे, क्यों? चूंकि बाजार प्रतिक्रिया देने में धीमा है, यहां तक कि उस जानकारी के लिए भी, यह उन 20 दिनों के बाद भी ऊपर की ओर बढ़ता जा रहा है। इसलिए इस घटना को पोस्ट-अर्निंग अनाउंसमेंट ड्रिफ्ट कहा जाता है। वास्तव में, मूल प्रतिक्रिया के रूप में उसी दिशा में कमाई की घोषणा के बाद स्टॉक की कीमत में गिरावट आती है। और हमें बहाव मिलता है, जो नीचे की ओर और भी अधिक स्पष्ट है, है ना?

तो ऐसी कंपनियां हैं जिन्होंने खराब कमाई की घोषणा की, स्टॉक की कीमत गिरती है, लेकिन बाद में यह गिरती रहती है। क्यों, फिर से, यह जानकारी को अनदेखा करने वाले लोग हो सकते हैं, हो सकता है कि वे इसे नहीं देख रहे हों, या यह हो सकता है कि वे पुष्टिकरण पूर्वाग्रह के कारण इस पर विश्वास नहीं करना चाहते हैं, उन्हें लगता है, यह कंपनी एक महान कंपनी है, हां, इसने खराब कमाई की घोषणा की, लेकिन शायद यह सिर्फ दुर्भाग्यपूर्ण था। तो फिर, हम क्या कर सकते हैं कि हम गहरी खुदाई कर सकें। तो गति के साथ, मैंने आपको दिखाया कि गति मौजूद है, और फिर मैंने कहा, ठीक है, यह कहां अधिक प्रचलित होगा, यह छोटे स्टॉक होंगे, और कम विश्लेषक कवरेज वाले स्टॉक होंगे, और अचानक हमारे पास बहाव का यह विचार है, कब है यह और भी स्पष्ट होगा? और यहाँ कुछ बहुत ही रचनात्मक अध्ययन हैं। उनमें से एक ने पाया कि यह विशेष रूप से तब स्पष्ट था जब अन्य फर्में भी कमाई की घोषणा कर रही थीं।

और यहाँ विचार व्याकुलता है, ठीक है, एक व्यस्त समाचार दिवस पर जब बहुत सारी कंपनियाँ अपनी कमाई की घोषणा कर रही हैं, ठीक है, यदि आप एक निवेशक हैं, तो आपके पास हर कमाई की घोषणा का विश्लेषण करने का समय नहीं है , इसलिए एक कंपनी हो सकती है वास्तव में अच्छी कमाई के साथ, लेकिन आपने अभी इस पर ध्यान नहीं दिया, आपके पास इसे संसाधित करने का समय नहीं था। अगला वाला और भी रचनात्मक है। उन्होंने पाया कि शुक्रवार को कमाई की घोषणा होने पर प्रभाव और भी मजबूत था। तो शुक्रवार क्यों मायने रखता है? तो मान लीजिए कि एक कंपनी आती है और शुक्रवार को शाम 4:30 बजे अपनी कमाई की घोषणा करती है। क्या आप कार्यालय में रहने वाले हैं, और अपने मूल्यांकन मॉडल को फिर से तैयार कर रहे हैं?

और जैसा कि मैंने शुरू में कहा था कि पहले एक छह महीने या एक साल के लिए आपका मनोविज्ञान खराब होगा और आप ऐसे काम करेंगे जो उह आपके व्यापार के लिए बहुत

उपयोगी नहीं है, इसलिए आप भाग जानते हैं और खेल का पार्सल चिंता न करें, आप जितना हो सके उतना व्यापार का अनुभव प्राप्त करें और उह एक वर्ष के बाद उन चीजों का पालन करने का प्रयास करें जो मैंने कहा और मुझे यकीन है कि आप इसका पता लगा लेंगे और हाँ मेरा मतलब है उह सुंदर पोषक व्यापार के अलावा मैं अभी भी दुनिया के व्यापार को पकड़ता हूं अगर आपको याद है कि मुझे लगता है कि मैंने छह छह महीने पहले व्यापार घंटे शुरू किया था, मुझे लगता है कि यह एक बिंदु पर चला गया यह 44 लाख तक चला गया, मुझे लगता है और अभी यह है लगभग 30 लाख का लाभ और उह दो महीने मेरा मतलब है एक महीने या दो महीने पहले यह लगभग 14 या 15 लाख का लाभ था उह हाँ मेरे लिए यह पकड़ना काफी कठिन था उह हाँ, मुझे अभी भी विश्वास है कि इसमें बहुत संभावनाएं हैं और ये मुख्य सत्य व्यापार हैं कि मैं अभी भी कृति पोषक तत्व और एमसी . धारण कर रहा हूं ।

हमने अपनी कालातीत ज्ञान के कारण इसे अपनी सूची में अंतिम उद्धरण के रूप में रखने का फैसला किया। व्यापार सब कुछ धैर्य, ध्यान, भावनाओं पर नियंत्रण और इसी तरह के कौशल के बारे में है जो उदाहरण के लिए ध्यान में पाया जा सकता है। यही कारण है कि कुछ व्यापारी अपने प्रयासों के बावजूद बाजार में इसे नहीं बनाते हैं। इंट्राडे ट्रेडिंग बाजार के शोर और खबरों पर अति-प्रतिक्रिया से भरी होती है। शॉर्ट-टर्म टाइमफ्रेम पर सेंटीमेंट काफी तेजी से बदल सकता है, जो अक्सर ट्रेडर्स के दिमाग से तेज होता है। यवन का एक और शक्तिशाली उद्धरण , जो हमें बताता है कि ट्रेडिंग केवल पैसा कमाने और नियमित आय के बारे में नहीं है। ट्रेडिंग में कोई गारंटी नहीं है। ट्रेडिंग का आनंद लेने के लिए आपको पहले से जो है, उसकी सराहना करने की आवश्यकता है। व्यापारियों के रूप में, हमें जो सबसे महत्वपूर्ण कदम उठाने की आवश्यकता है, वह है कि हम अपनी व्यापारिक पूंजी को हर समय सुरक्षित रखें। तभी हमें लाभ और धन कमाने के बारे में सोचना चाहिए। व्यक्तिगत रूप से कभी भी नुकसान न उठाएं। बाजार न तो नैतिक हैं और न ही नैतिक - वे अनैतिक हैं। प्रतिष्ठा बनाना कठिन है। सब कुछ बर्बाद करने के लिए एक बुरा निर्णय, एक बुरा व्यापार लगता है।

6

अतीत और वर्तमान के मार्गदर्शन

जब निवेश की दुनिया की बात आती है, तो ज्यादातर लोग नहीं जानते कि कहां से शुरू करें। सौभाग्य से, अतीत और वर्तमान के महान निवेशक हमें मार्गदर्शन प्रदान कर सकते हैं। ये निवेश उद्धरण वॉरेन बफेट जैसे आधुनिक विशेषज्ञों के हैं।

Share Market में वही जीतते हैं जो कम जोखिम रखते हैं और कम से कम हारते हैं।

अनुशासन का पालन सावधानीपूर्वक करना चाहिए।

ऑप्शन ट्रेडिंग में निफ्टी या बैंक निफ्टी पर प्रतिदिन एक ट्रेड करना चाहिए चाहे वह लाभ हो या हानि।

यदि आप विकास के बारे में गंभीर हैं, तो निरंतरता, दृढ़ता, ध्यान, दृढ़ संकल्प और अनुशासन के बारे में गंभीर रहें।

मत करो सही समय का इंतजार, करने से आपका कुछ नहीं खोएगा

, जब हम मार्केट को नहीं समझते हैं, तो इंट्राडे ऑप्शन / इक्विटी इंट्राडे ट्रेडिंग से दूर रहें।

ट्रेडिंग में अवसर सूर्योदय की तरह होते हैं। यदि आप बहुत लंबा इंतजार करते हैं, तो आप उन्हें याद करते हैं।

निवेश करने के लिए कभी भी पैसे उधार न लें।

निवेश करने का सबसे अच्छा समय अभी है।

अपनी भावनाओं को कभी भी भूमिका निभाने न दें।

प्रवृति का पीछा कभी न करें, इससे पहले।

व्यापार अनुशासन रखना शुरुआत है; अनुशासन रखना प्रगति है; अनुशासन में रहना ही सफलता है।

अपने आकार को किसी भी स्थिति में सीमित करें ताकि भय आपके निर्णय का मार्गदर्शन करने वाली प्रचलित प्रवृति न बने। *जो विदिचो*

खोजने के लिए कोई एकल बाजार रहस्य नहीं है, बाजारों में व्यापार करने का कोई एक सही तरीका नहीं है। बाजारों के लिए एक सही जवाब चाहने वालों को सही सवाल पूछने तक की बात नहीं है, सही जवाब पाने की तो बात ही छोड़िए।

जैक श्वागर - मार्केट विजार्ड्स के लेखक

ट्रेडिंग में कड़ी मेहनत तैयारी में आती है। हालाँकि, ट्रेडिंग की वास्तविक प्रक्रिया सरल होनी चाहिए। **जैक श्वागर - मार्केट विजार्ड्स के लेखक**

मेरा रवैया यह है कि मैं हमेशा किसी ऐसे व्यक्ति से बेहतर तैयार रहना चाहता हूं जिससे मैं प्रतिस्पर्धा कर रहा हूं। जिस तरह से मैं खुद को तैयार करता हूं वह यह है कि मैं हर रात अपना काम करता हूं। **मार्टी श्वार्ट्ज**

जो काम करता है उसे अधिक करें और जो नहीं करता है उसे कम करें। **स्टीव क्लार्क**

मैं बस तब तक इंतजार करता हूं जब तक कि कोने में पैसा न हो, और मुझे बस इतना करना है कि मैं वहां जाकर उसे उठाऊं। इस बीच मैं कुछ नहीं करता। **जिम रोजर्स**

आप विलायक बने रहने की तुलना में बाजार अधिक समय तक तर्कहीन रह सकता है। **जॉन मेनाई कीन्स**

प्रतिशत समय अपने हाथों पर बैठना सीख जाते हैं , तो वे बहुत अधिक पैसा कमा सकते हैं। **बिल लिप्सचुट्ज़**

अगर कोई व्यापारी पैसे से प्रेरित होता है, तो यह गलत कारण है। एक सही मायने में सफल ट्रेडर को शामिल होना चाहिए और ट्रेडिंग में पैसा एक साइड इश्यू है... मुख्य प्रेरणा सफलता का जाल नहीं है। यह आमतौर पर उप-उत्पाद है - बस कहा गया है, " खेल की बात है"। **बिल लिप्सचुट्ज़**

इस बात की चिंता मत करो कि बाजार क्या करने जा रहा है, इस बात की चिंता करो कि आप बाजारों के प्रति प्रतिक्रिया में क्या करने जा रहे हैं। **माइकल कैरी**

यह महत्वपूर्ण नहीं है कि आप सही हैं या गलत, यह महत्वपूर्ण है कि आप कितना पैसा कमाते हैं जब आप सही होते हैं और जब आप गलत होते हैं तो आप कितना खो देते हैं। **जॉर्ज सोरो**

जीत हो या हार, बाजार से हर किसी को जो चाहिए वो मिलता है। कुछ लोगों को लगता है कि वे हारना पसंद करते हैं, इसलिए वे पैसे खोकर जीत जाते हैं। **एड सेकोटा**

जहां आप होना चाहते हैं वह हमेशा नियंत्रण में रहता है, कभी इच्छा नहीं करता, हमेशा व्यापार करता है, और हमेशा, सबसे पहले और सबसे महत्वपूर्ण आपके बट की रक्षा करता है। थोड़ी देर बाद आकार का कोई मतलब नहीं है। यह वापस आता है कि क्या आप $10,000 या $100 मिलियन डॉलर पर 100% रिटर्न की दर बना रहे हैं। इससे कोई फर्क नहीं पड़ता। **पॉल ट्यूडर जोन्स**

पैसा बनाने पर ध्यान न दें, जो आपके पास है उसकी रक्षा करने पर ध्यान दें। **पॉल ट्यूडर जोन्स**

मुझे पता है कि अंदर जाने से पहले मैं कहाँ से निकल रहा हूँ। ब्रूस कोवनेर

जब संदेह हो, तो बाहर निकलें और रात को अच्छी नींद लें। मैंने ऐसा बहुत बार किया है और अगले दिन सब कुछ स्पष्ट था ... जब आप [स्थिति] में होते हैं, तो आप सोच नहीं सकते। जब आप बाहर निकलते हैं, तो आप फिर से स्पष्ट रूप से सोच सकते हैं। माइकल मार्कस

एक सादा मूर्ख है, जो हर समय हर जगह गलत काम करता है, लेकिन एक वॉल स्ट्रीट मूर्ख है, जो सोचता है कि उसे हर समय व्यापार करना चाहिए। जेसी लिवरमोर

1. तुम मुक्त हो सकते हो। आप दुनिया में कहीं भी रह सकते हैं और काम कर सकते हैं। आप दिनचर्या से स्वतंत्र हो सकते हैं और किसी को जवाब नहीं दे सकते। अलेक्जेंडर एल्डर

2. मैं विश्लेषण में विश्वास करता हूं न कि पूर्वानुमान में। निकोलस दरवासी

3. एक शिखर प्रदर्शन व्यापारी पूरी तरह से सर्वश्रेष्ठ होने के लिए प्रतिबद्ध है और जो कुछ भी करना है वह सबसे अच्छा होना चाहिए। जो कुछ भी होता है उसके लिए वह पूरी तरह से जिम्मेदार महसूस करता है और इस तरह गलतियों से सीख सकता है। इन लोगों के पास आमतौर पर व्यापार के लिए एक कार्यशील व्यवसाय योजना होती है क्योंकि वे व्यापार को एक व्यवसाय के रूप में मानते हैं। वैन के. थारपी

4. जब दूसरे लालची हों तो हम केवल भयभीत होने का प्रयास करते हैं और केवल तभी लालची होने का प्रयास करते हैं जब दूसरे भयभीत हों। वॉरेन बफेट

5. जब मुझे बाजार में चोट लगती है, तो मैं बाहर निकल जाता हूं। इससे कोई फर्क नहीं पड़ता कि बाजार कहां कारोबार कर रहा है। मैं अभी बाहर निकलता हूं, क्योंकि मेरा मानना है कि एक बार जब आप बाजार में चोटिल हो जाते हैं, तो आपके निर्णय उस समय की तुलना में बहुत कम उद्देश्यपूर्ण होने वाले होते हैं जब आप अच्छा कर रहे होते हैं ... यदि आप बाजार में आपके खिलाफ गंभीर रूप से बने रहते हैं, तो जल्दी या बाद में वे तुम्हें बाहर ले जाने वाले हैं। रैंडी मैके

6. व्यापारिक सफलता की कुंजी भावनात्मक अनुशासन है। अगर बुद्धिमत्ता की कुंजी होती, तो और भी बहुत से लोग पैसे का व्यापार कर रहे होते... मुझे पता है कि यह एक क्लिच की तरह लग सकता है, लेकिन वित्तीय बाजारों में लोगों के पैसे खोने का एकमात्र सबसे महत्वपूर्ण कारण यह है कि वे अपने घाटे को कम नहीं करते हैं। . विजेता स्पेरांडो

7. बहुसंख्यकों को जो बहुत अधिक और जोखिम भरा लगता है वह आम तौर पर अधिक हो जाता है और जो कम और सस्ता लगता है वह आम तौर पर कम हो जाता है। विलियम ओ'नील

8. आपको रॉकेट वैज्ञानिक होने की आवश्यकता नहीं है। निवेश कोई ऐसा खेल नहीं है जहां 160 आईक्यू वाला व्यक्ति 130 आईक्यू वाले व्यक्ति को हरा देता है। वॉरेन बफेट

9. पैसा बैठने से बनता है, व्यापार करने से नहीं। जेसी लिवरमोर

10. वह कपास व्यापार मेरे लिए लगभग सौदा तोड़ने वाला था। उस समय मैंने कहा था, ' श्रीमान मूर्ख, एक व्यापार पर सब कुछ जोखिम में क्यों डालते हैं? क्यों न आप अपने जीवन को दर्द की जगह सुख की खोज बना लें ? पॉल ट्यूडर जोन्स

11. अच्छे व्यापार के तत्व हैं: (1) घाटे में कटौती, (2) घाटे में कटौती, और (3) घाटे में कटौती। यदि आप इन तीन नियमों का पालन कर सकते हैं, तो आपके पास मौका हो सकता है। ईडी सेकोटा

12. अगर आप कल नहीं मरते हैं तो पैसा सिर्फ एक चीज है जिसकी आपको जरूरत है। यह आपके लिए एक अनुस्मारक है कि लाभ और हानि पर ध्यान न दें। आप जो कुछ भी करते हैं, आनंद, ध्यान, संतोष, नम्रता, खुलेपन के लिए प्रयास करें ... विरोधाभासी रूप से (और एक अनपेक्षित परिणाम के रूप में) आपके व्यापारिक प्रदर्शन में काफी सुधार होगा। यवनो बायजी

13. विश्वास "इस व्यापार पर मुझे लाभ होगा" नहीं है। आत्मविश्वास है "अगर मैं इस व्यापार से लाभ नहीं उठाऊंगा तो मैं ठीक हो जाऊंगा। यवनो बायजी

14. आपको बार-बार व्यापार करने की आवश्यकता नहीं है। यदि आप दिन के दौरान लक्ष्य के लिए एक या दो चालें अच्छे आकार के साथ पकड़ सकते हैं, तो आप एक अच्छा जीवन यापन कर सकते हैं और ट्रेडिंग लागत को कम रख सकते हैं। अज्ञात

15. आँख बंद करके किसी का अनुसरण न करें, बाजार का अनुसरण करें और यह सुनने की कोशिश करें कि वह आपको क्या कह रहा है। जयमीन शाह

16. नुकसान तब तक आवश्यक हैं, जब तक वे एक ऐसी तकनीक से जुड़े हैं जो आपको उनसे सीखने में मदद करती है डेविड सिखोसाना।

17. अपने वित्तीय करियर के दौरान, मैंने लगातार अन्य लोगों के उदाहरण देखे हैं जिन्हें मैंने जोखिम का सम्मान करने में विफलता से बर्बाद होने के बारे में जाना है। यदि आप जोखिम को गंभीरता से नहीं लेते हैं, तो यह आपको लैरी हाइट ले जाएगा।

18. मुझे लगता है कि निवेश मनोविज्ञान कहीं अधिक महत्वपूर्ण तत्व है, जिसके बाद जोखिम नियंत्रण होता है, कम से कम महत्वपूर्ण विचार यह है कि आप कहां खरीदते और बेचते हैं। टॉम बस्सो

19. इससे कोई फर्क नहीं पड़ता कि आप कितनी धीमी गति से चलते हैं, जब तक आप रुकते नहीं हैं। कन्फ्यूशियस

20. एक सफल ट्रेडर का लक्ष्य सर्वोत्तम ट्रेड करना होता है। पैसा गौण है। अलेक्जेंडर एल्डर

21. अंतर्निहित स्थितियों के बावजूद निरंतर कार्रवाई की इच्छा वॉल स्ट्रीट में कई नुकसानों के लिए जिम्मेदार है, यहां तक कि पेशेवरों के बीच भी, जो महसूस करते हैं कि उन्हें हर दिन कुछ पैसे घर ले जाने चाहिए, जैसे कि वे नियमित मजदूरी के लिए काम कर रहे थे। जेसी लिवरमोर

22. यह वह नहीं है जो हम कभी-कभार करते हैं जो हमारे जीवन को आकार देता है। यह वही है जो हम लगातार करते हैं। एंथोनी रॉबिंस

23. नुकसान उठाना सीखें। पैसा बनाने में सबसे महत्वपूर्ण बात यह है कि अपने नुकसान को हाथ से निकलने न दें।मार्टी श्वार्ट्ज

24. मैंने वर्षों से सीखा है कि बाजारों में अच्छे मुनाफे के बाद, इनाम के रूप में कुछ दिनों की छुट्टी लेना बहुत महत्वपूर्ण है। स्वाभाविक प्रवृति है कि जब तक स्ट्रीक समाप्त न हो जाए तब तक धक्का देते रहें। लेकिन अनुभव ने मुझे सिखाया है कि स्ट्रीक के बीच में आराम अक्सर इसे बढ़ा सकता है। मार्टी श्वार्ट्ज

25. इस व्यवसाय में यदि आप अच्छे हैं, तो आप दस में से छह बार सही हैं। आप कभी भी दस में से नौ बार सही नहीं होंगे। पीटर लिंच

26. एक प्रतिष्ठा बनाने में 20 साल लगते हैं और उसे बर्बाद करने में 5 मिनट लगते हैं। यदि आप इसके बारे में सोचते हैं, तो आप चीजों को अलग तरह से करेंगे। वॉरेन बफेट

27. यदि आप घाटे को निजीकृत करते हैं, तो आप व्यापार नहीं कर सकते। ब्रूस कोवनेर

28. मैं हमेशा पैसा बनाने के बजाय पैसा खोने के बारे में सोचता हूं। पैसा बनाने पर ध्यान केंद्रित न करें, पॉल ट्यूडर जोन्स जो आपके पास है उसकी रक्षा करने पर ध्यान दें।

29. यदि आप अपने पास पहले से मौजूद चीज़ों की सराहना करना और संतुष्ट होना नहीं सीखते हैं, तो आपको बाज़ार में फुलफ़िलमेंट ट्रेडिंग कभी नहीं मिलेगी । यवनो बायजी

30. बाजार लोगों के मन बदलने की तुलना में तेजी से अपना व्यवहार बदलते हैं ... यही कारण है कि इंट्राडे ट्रेडिंग इतना मुश्किल है । अज्ञात

31. फोकस, धैर्य, बुद्धिमान विवेक, अनासक्ति - ध्यान में आप जो कौशल हासिल करते हैं और व्यापार में बढ़ने के लिए आपको जो कौशल चाहिए, वे एक ही हैं। यवनो बायजी